ÉTUDE

SUR LA

SÉCRÉTION DE LA SOIE

ET

LA STRUCTURE DU BRIN ET DE LA BAVE

DANS LE BOMBYX MORI

PAR

M. LOUIS BLANC

LYON

IMPRIMERIE PITRAT AINÉ

4, RUE GENTIL, 4

1889

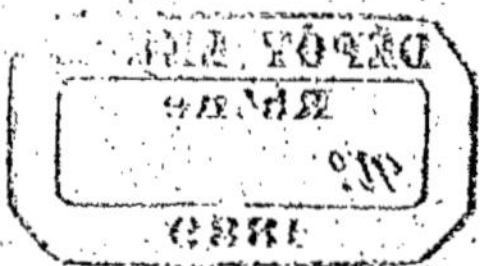

ÉTUDE

SUR LA

SÉCRÉTION DE LA SOIE

ET

LA STRUCTURE DU BRIN ET DE LA BAVE

DANS LE BOMBYX MORI

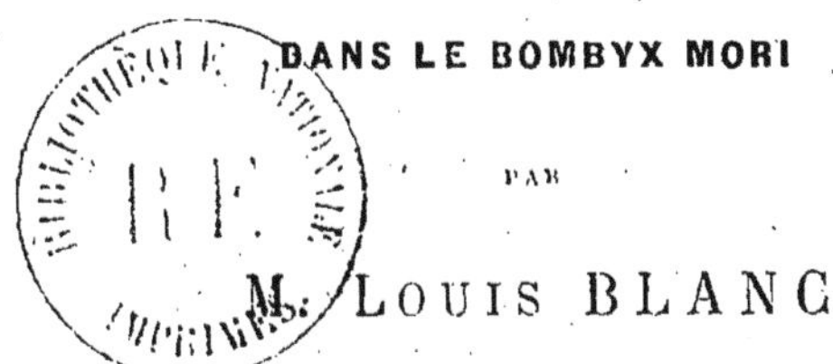

PAR

M. LOUIS BLANG

LYON

IMPRIMERIE PITRAT AÎNÉ

4, RUE GENTIL, 4

—

1889

I

ÉTUDE

SUR LA SÉCRÉTION DE LA SOIE

ET LA

STRUCTURE DU BRIN ET DE LA BAVE DANS LE BOMBYX MORI

PAR M. LOUIS BLANC[1]

Depuis longtemps, de nombreux auteurs ont écrit sur le fil de soie, et ce filament si précieux, dont la mise en œuvre constitue une des principales richesses de notre ville, a été étudié à tous les points de vue. Ses propriétés physiques, chimiques, industrielles (et par ces mots j'entends les réactions qu'il présente vis-à-vis des nombreuses substances employées pour sa préparation) ont été l'objet de travaux aussi multiples que patients.

Il semble donc que le fil de soie est aujourd'hui parfaitement connu, et que les recherches nouvelles doivent se borner exclusivement à la comparaison des diverses races de vers entre elles, au point de vue de leur rendement et de la qualité de la soie qu'elles fournissent. Il reste cependant un point important à élucider, c'est la structure du brin de soie.

[1] Dans ce travail, nous nous sommes servi des matériaux que, avec son obligeance habituelle, le Directeur du Laboratoire d'étude de la soie, M. Dusuzeau, a bien voulu mettre à notre disposition.

Cette question n'a pas été négligée ; bien au contraire, tous les auteurs qui se sont occupés de la soie ont émis leur opinion ou exposé le résultat de leurs recherches à ce sujet. Néanmoins on se trouve aujourd'hui en présence de deux camps nettement opposés. Pour les uns le brin de soie est parfaitement homogène ; pour les autres il est, en dernière analyse, constitué par un faisceau de fibrilles élémentaires excessivement ténues.

Il est étonnant, au premier abord, qu'une telle divergence d'idées existe sur un point en apparence si simple et étudié par tant d'auteurs consciencieux et de grande valeur. La faute en est aux méthodes employées. Jusqu'ici, on s'est presque toujours contenté de prendre le brin de soie hors du ver, dans le cocon ; on l'a étudié, examiné, traité de toutes façons, et même, nous n'hésitons pas à le dire, on l'a quelquefois maltraité. C'est de là que proviennent certaines erreurs qui ont été publiées, erreurs parfois appuyées sur des apparences de faits.

Pour nous fixer d'une façon certaine sur la structure du fil de soie, nous avons pris celui-ci tout à fait à son origine, non pas à l'instant où il sort de la filière, ou même au moment où il traverse le canal excréteur, mais à la période où sa matière essentielle, la fibroïne, est sécrétée. Suivant alors celle-ci dans toute la longueur du tube séricigène, nous avons pu assister aux modifications qu'elle subit et à la formation du fil. Nous avons ainsi constaté que Robinet, Cornalia, Dusseigneur, etc., avaient vu juste, et que le brin de soie, comme nous le démontrerons plus loin, est simple, homogène, et ne présente nullement cette fasciculation qu'on a cru y voir, ou que même on lui a donnée par des procédés que nous examinerons en temps opportun.

Avant de rechercher le mode de sécrétion de la soie et des substances qui l'accompagnent, nous avons dû étudier avec attention l'anatomie de l'appareil séricigène, et surtout sa structure microscopique. Ces recherches d'anatomie et d'histologie constituent la base solide sur laquelle sont appuyées toutes les autres parties de ce travail. Elles ont donc leur place marquée en tête de cette note qui comprend :

1° Anatomie de l'appareil séricigène ;
2° Histologie de l'appareil séricigène ;
3° Sécrétion de la soie ;
4° Formation du brin et de la bave ;
5° Structure du brin et de la bave.

Comme la soie d'un très grand nombre de vers, sauvages ou domestiqués, présente une striation longitudinale qui semble justifier les idées des partisans de la fasciculation, nous avons ajouté à cette note quelques pages, dans lesquelles, revenant sur un travail antérieur[1], nous exposons de nouveaux faits à l'appui de la constitution simple du brin dans ces soies striées.

ANATOMIE DE L'APPAREIL SÉRICIGÈNE[2]

L'appareil séricigène du ver à soie du mûrier est composé de deux longues glandes tubulaires[3] qui s'étendent, entre la paroi inférieure et latérale du corps et l'intestin, depuis la tête jusqu'au quart postérieur de l'animal. Chacun de ces deux tubes, terminé en arrière par un cul-de-sac, continué en avant par un mince canal excréteur, décrit de nombreuses flexuosités, et subit des changements de volume considérables qui permettent d'y reconnaître trois parties bien distinctes que l'on appelle, d'après leur usage : *tube sécréteur, réservoir, canal excréteur.*

---

[1] L. Blanc. *Étude sur la constitution intime de la soie du ver pernyen* (Rapport du Laboratoire d'étude de la soie, Lyon, 1887).

[2] L'anatomie de l'appareil séricigène du *Bombyx mori* a été étudiée par plusieurs auteurs (voir les travaux de Malpighi, de Robinet, de Philippi, Cornalia, etc.), et nous n'avons ajouté que fort peu de chose à leurs découvertes.

[3] On admet que ces organes sont des glandes salivaires modifiées. Du reste, dans la plupart des chenilles, il y a de très grands rapports de structure entre les glandes salivaires et les tubes séricigènes.

Tube sécréteur (fig. 1, *a*). — Constitué par la portion postérieure de l'appareil, ce tube commence par un cul-de-sac et se dirige en avant en se contournant alternativement à droite et à gauche. Il forme ainsi des anses serrées les unes contre les autres et longues de 8 à 10 millimètres. Lorsque le tube sécréteur a décrit douze à quinze flexuosités, son calibre, qui jusque-là avait conservé un diamètre uniforme de 1 millimètre environ, augmente assez rapidement, et il se continue avec le réservoir sans ligne de démarcation bien tranchée[1].

Réservoir (fig. 1, *b*). — Cette partie de l'appareil séricigène, surpassant de beaucoup les deux autres en volume, décrit successivement trois courbures, et les quatre segments qui la composent sont allongés parallèlement les uns aux autres et d'avant en arrière. Ils occupent une longueur d'environ 3 centimètres. Le diamètre du réservoir croît progressivement de la première portion, la plus externe et la plus courte, jusque vers la deuxième courbure, où il atteint son maximum (2^{mm},5). A partir de ce point le calibre du tube diminue peu à peu jusqu'à l'extrémité antérieure, où le réservoir se rétrécit rapidement pour se continuer, sans délimitation nette, avec le canal excréteur[2].

Canal excréteur (fig. 1, *c*). — Ce conduit, très fin (0^{mm},3) et long de 5 centimètres, se dirige en avant. Il décrit sur son trajet quelques ondulations lâches, pénètre dans la tête et se rapproche de son congénère du côté opposé. Il s'accole avec lui, puis se soude, sans se fusionner cependant.

---

[1] Si anatomiquement, il n'y a pas de délimitation nette entre le réservoir et le canal sécréteur, il n'en est pas de même au point de vue physiologique. Le réservoir, en effet, sécrète souvent une matière colorante, et la coloration que celle-ci communique aux substances renfermées dans l'organe, indique très nettement le point où le réservoir fait suite au tube sécréteur

[2] Contrairement à ce que dit Cornalia: *E da osservasi che la congiunzione tra la parte esile posteriore e il serbatojo si fa sempre bruscamente; al tubo grosso s'associa immediatamente il tubo esile (Monog. del Bombice del Gelso*, p. 170.)

Les deux canaux ainsi accolés constituent un double conduit qui s'incurve brusquement en bas et aboutit à la *filière*.

Celle-ci est un appareil dont la structure compliquée n'est pas encore parfaitement éclaircie[1]. Il semble cependant certain que c'est à son intérieur seulement que les deux tubes excréteurs se fusionnent pour former un canal unique.

Longueur, volume, poids. — Le tube séricigène décrit, comme on le voit, des replis nombreux qui lui permettent de se loger, malgré sa grande longueur (40 cent. environ), dans un espace relativement restreint.

Le volume total des deux glandes, dans un sujet prêt à filer, est d'environ 1 cent. cube, c'est-à dire les deux cinquièmes du volume total du ver. C'est un volume considérable, que l'on ne retrouve chez aucun autre ver à soie.

Quant au poids, il est de 1 gramme, c'est-à-dire les deux cinquièmes du poids total[2].

Moyens de fixité. — Chaque glande séricigène est continuée en avant par le canal excréteur, qui se fixe à la filière. Son extrémité postérieure présente un fin rameau trachéen qui se dirige vers la ligne médiane et se perd sur les trachées situées auprès de la chaîne nerveuse[3]. Dans le reste de son étendue, elle est fixée au plan latéral du corps par des pinceaux de trachées qui, des stigmates, se portent à sa surface. Enfin, du tissu adipeux enveloppe plus ou moins complètement la glande, s'insinue entre ses circonvolutions, et la rattache à la paroi inférieure du corps.

Organes annexes. — A la double glande qui forme la

---

[1] Voir le travail de F.-E. Helm, où la structure de cet organe est décrite.

[2] La densité de l'appareil séricigène est de fort peu supérieure à celle de l'eau.

[3] Robinet indique, d'après Lyonnet, un filet musculo-nerveux très délicat qui part du cul-de-sac terminal et établit sa communication avec les systèmes musculaire et nerveux de la chenille (Robinet, *Formation de la soie*, 1844). Nous avons constaté l'existence de ce connectif, mais nous n'y avons trouvé qu'un rameau trachéal, que, du reste, Malpighi avait vu.

partie essentielle de l'appareil séricigène, sont annexés des muscles, des trachées, et même une paire d'autres organes glandulaires.

Les *muscles* de l'appareil séricigène sont de petits faisceaux de fibres contractiles qui partent des parois latérales de la tête et viennent s'insérer sur l'origine de la filière, de telle sorte qu'au moment de leur contraction, ils aplatissent celle-ci et l'oblitèrent. Ils jouent donc un rôle analogue à celui des sphincters.

Les *glandes*, découvertes par de Filippi, et appelées par Cornalia *appendices glandulaires de l'appareil séricigène*, sont au nombre de deux. Ces organes, très petits, globuleux (fig. 1, P*h*), possèdent chacun un canal excréteur très court qui aboutit près de la terminaison du tube excréteur et y déverse un produit dont la nature est encore inconnue [1].

Enfin, le tube séricigène reçoit un grand nombre de trachées. Ces canaux, partis de tous les stigmates en rapport avec la glande et en particulier du quatrième, se portent à sa surface. Ils y rampent, s'y ramifient, et sont contenus dans des amas de cellules polyédriques, mais aucun d'eux ne pénètre dans l'épaisseur de la paroi. Les trachées apportent à l'organe de la soie une quantité d'air considérable, car la grande activité des fonctions nécessite dans cette glande un afflux abondant des fluides respiratoires.

HISTOLOGIE DE L'APPAREIL SÉRICIGÈNE

Historique. — La structure microscopique de l'appareil

---

[1] F.-E. Helm a étudié ces glandes, qui sont très difficiles à découvrir. Il a constaté que chacune d'elles est formée d'un amas de glandules en grappes, arrondies ou piriformes, serrées les unes contre les autres, et déversant leur produit dans un canal excréteur commun. Helm pense qu'on doit assigner à cette sécrétion le pouvoir d'agglutiner les fils entre eux et avec les soutiens du cocon. Nous verrons plus tard que c'est le grès qui possède cette propriété.

séricigène du *Bombyx mori* n'a pas encore été, à notre connaissance, l'objet d'une étude attentive.

Les indications les plus anciennes relatives à ce genre d'organe sont dues à Lyonnet, qui dans son ouvrage si remarquable sur la chenille du *Cossus ligniperda*, consacre quelques alinéas à l'appareil séricigène. Il a entrevu plus d'un point délicat de la structure de cet organe, comme on peut en juger par les extraits que nous donnons en note [1], mais l'anatomie microscopique était alors à ses débuts, et cet habile observateur n'a pu interpréter les faits qu'il constatait.

Audouin, en 1842, indique pour l'appareil séricigène de la Pyrale des divisions en forme de losange [2] et en donne une représentation identique à notre figure 5.

Deux ans plus tard, Robinet [3] signale les cellules hexagonales de la paroi du tube excréteur chez le ver à soie, et il en donne une figure semblable à celle dessinée par Audouin, mais il ne reconnaît pas la nature de ces éléments et les désigne par le nom

[1] CANAL EXCRÉTEUR. — « Au microscope on croit voir se ramifier sur son dessus quantité de filets blancs, qui n'ont point de relief, et dont les plus apparents y forment un lacis de *losanges* et d'hexagones irréguliers... D'abord on enlève l'extérieure *(tunique)*, que l'on trouve, en dedans, couverte d'une substance charnue qui la fait paraître plus épaisse qu'elle n'est réellement, et qui diminue sa transparence, et l'on remarque alors, quand on couche à plat cette tunique, que les traits qui rampent sur son dessus et qui paraissent blancs, ne sont que l'effet de petits compartiments dans lesquels sa substance charnue est divisée, et dont les séparations dégarnies de cette substance forment par leur transparence, cette apparence de traits blancs Sous cette tunique on en voit une seconde, assez transparente, unie, dure, roide, couleur de gomme commune, et si élastique qu'on peut l'allonger de moitié sans les rompre et sans lui faire perdre son ressort. Quand on l'étend davantage elle se sépare et se défile en ressort à boudin, comme les bronches, mais le filet en est plus gros. »

RÉSERVOIR. — « On aperçoit, sur sa surface, qu'elle est intérieurement couverte de petites molécules dont la figure, quoique irrégulière, tient ordinairement de l'hexagone, et que ces molécules sont tellement arrangées, qu'elles ne laissent entre elles qu'un espace très étroit et partout égal; ce qui les fait paraître toutes comme entourées d'un trait, et donne à la tunique intérieure de cette partie quelque air de peau de serpent.

La partie postérieure des vaisseaux soyeux est parfaitement opaque, les molécules qu'on entrevoit distinctement à l'intermédaire, ne se découvrent ici qu'avec peine et souvent point du tout ». (Lyonnet, *Traité anatomique de la chenille qui ronge le bois du saule*, 1760.)

[2] « En examinant au microscope les vaisseaux soyeux sur des chenilles conservées dans l'alcool, j'ai aperçu des divisions en forme de losanges, qui ressemblent fort aux loges de gâteaux d'abeilles vues de profil; mais ces divisions ne sont visibles qu'à l'aide d'un très fort grossissement. » — V. Audouin, *Histoire de la Pyrale*, 1842.

[3] Robinet, *Formation de la soie*, 1844.

de *plaques*. Il indique, en outre, les phénomènes de régression qu'ils subissent lors de la formation de la chrysalide.

Cornalia [1] a simplement répété les faits découverts par Robinet, mais il n'a pas essayé d'interpréter ces observations, et, dans certaines circonstances, il a méconnu la véritable nature des parois de la glande. Ainsi il dit que, chez le ver avancé en âge, la paroi du réservoir a *perdu toute sa structure cellulaire et qu'à l'extérieur se forment des pièces polygonales*. Nous verrons plus loin que, pendant toute la durée de la vie larvaire, le tube séricigène a une paroi formée de cellules qui atteignent même des dimensions énormes, et que ces cellules sont précisément les pièces polygonales dont parle l'auteur italien. Ailleurs, étudiant la régression de l'organe de la soie chez la chrysalide il en trouve la paroi *composée de segments transversaux qui résultent de la réunion de deux pièces ou écailles placées à la périphérie du tube et terminées en pointe, pointe qui alterne avec celle de la pièce opposée* [2]. Cette observation est d'une exactitude rigoureuse, mais Cornalia, qui, du reste, n'en est pas l'auteur, ne semble pas soupçonner la véritable nature de ces éléments. Il les désigne toujours par les mots de pièces ou d'écailles, et rien dans sa description ne peut faire supposer qu'il en avait reconnu la nature cellulaire.

Ce sont là les seules indications que donne l'auteur italien sur la structure histologique de la glande séricigène.

Jusqu'ici la valeur anatomique de ces pièces hexagonales qui constituent la paroi de l'appareil séricigène du *Bombyx mori* n'est soupçonnée par personne. Cependant, dix ans avant la publication de l'œuvre de Cornalia, Meckel avait indiqué la

---

[1] *Monografia del Bombice del Gelso,* 1856.

[2] *Consta di segmenti transversali, ognuno dei quali risulta di due* piastre o scaglia *formanti la periferia del tubo e terminati in punte, le quali si alternano colle punte delle squame opposte.* (Loc. cit., p. 157.)

nature cellulaire de la paroi des tubes séricigènes de diverses chenilles.

En 1866, Leydig, dans son *Traité d'histologie comparée*, étudie ces éléments dans diverses larves de Lépidoptères.

A partir de cette époque, les auteurs qui parlent du ver à soie semblent adapter sans vérification à la larve du *Bombyx mori* les données fournies par l'histologie comparée.

Nous n'avons pu trouver aucun travail dans lequel l'auteur indique qu'il a examiné l'appareil séricigène du ver à soie, et reconnu que sa paroi était formée de cellules. Néanmoins, en 1870, l'existence de ces cellules était de connaissance vulgaire, et Pasteur, dans son *Traité des maladies du ver à soie*, en parle comme d'une chose bien connue .

Enfin, dans un travail récent [2], M. H. Sicard dit quelques mots sur ce sujet : « *Il existe dans la paroi du réservoir des cellules glandulaires assez nombreuses qui doivent sécréter le grès, tandis que dans la partie postérieure, étroite et sinueuse, l'élément glandulaire est plus volumineux pour l'unité de surface.* »

Comme on le verra par la suite, les résultats auxquels nous sommes arrivés, ne concordent pas avec l'opinion de M. Sicard.

DIVISIONS DE LA GLANDE. — Avant de commencer l'étude histologique de l'appareil séricigène, nous indiquerons pour cet organe une division artificielle que nous avons été obligé d'établir dès le début de nos recherches. Nous avons, en effet, rapidement reconnu que les divisions naturelles de la glande ne correspondent pas toujours aux variations de sa structure et de

---

[1] Pendant que ce travail était sous presse, nous avons eu connaissance d'une étude fort importante de Helm sur la structure des glandes à soie (F.-E. Helm, *Ueber die spinndrüsen der Lepidopteren, in Zeitschrift für wissenschaftliche Zoologie*, 1876). Les observations de cet auteur ne concordent pas sur beaucoup de points avec nos propres recherches. Nous indiquerons en note ces différences chaque fois que l'occasion s'en présentera.

[2] H. Sicard et Raulin, *De la soie du* Bombyx mori *dans l'intérieur de l'organisme* (*Rapport du Laboratoire d'étude de la soie*, Lyon, 1887).

ses fonctions. Pour éviter de longues périphrases, nous l'avons divisée virtuellement en 13 segments : 1 pour le canal excréteur, 10 pour le réservoir et 2 pour le tube sécréteur. Ces segments sont numérotés d'avant en arrière, comme l'indique la figure 1.

CONSTITUTION DE LA PAROI. — Si l'on fait une coupe longitudinale de la paroi, on constate que celle-ci est constituée par trois membranes superposées.

La plus externe est une lame mince, anhiste, fixant difficilement les matières colorantes : c'est la *membrane basale* (fig. 2, *a*) ou *tunica propria*.

La plus interne est également très mince ; elle est réfringente, très rebelle aux réactifs colorants, inattaquable par les solutions alcalines : c'est la *cuticule interne* ou *intima*, de nature chitineuse (fig. 2, *c*).

Entre ces deux lames existe la troisième couche, d'épaisseur variable suivant la région, mais toujours beaucoup plus considérable que les deux autres (fig. 2, *b)*. Cette membrane est de nature cellulaire. Après coloration, on la voit constituée par une masse de protoplasma très granuleux et strié radialement. Elle renferme des *noyaux* de forme très irrégulière, bossués tortueux, appendiculés, etc. Entre ces *noyaux*, dont nous indiquerons plus tard la signification, on ne peut trouver aucune ligne de démarcation délimitant des cellules. Et si l'on s'en tenait à cet examen ou à celui des coupes transversales, on croirait avoir affaire à un symplaste.

CELLULES. — Si maintenant on fend la membrane longitudinalement, et si on la déroule pour l'examiner par une de ses deux faces, on constate qu'elle est formée par de volumineuses cellules placées côte à côte. Ces cellules sont séparées par un léger espace rempli d'une substance qui résiste aux colorants.

Elles ont la forme d'un parallélogramme terminé à ses deux extrémités par un triangle isocèle surbaissé (fig. 3 et 4).

Ces éléments sont disposés en une seule couche et constituent à eux seuls la partie principale de la paroi. Ils sont placés alternativement à droite et à gauche, de telle sorte que les pointes de chacun d'eux s'intercalent entre celles de deux cellules du côté opposé. Par suite de cet arrangement, il existe de chaque côté du tube une ligne brisée indiquant la zone de réunion des deux séries de cellules qui forment la paroi de la glande[1].

· Quel que soit le point de l'appareil séricigène que l'on envisage, on retrouve constamment la même disposition. A l'origine seulement du tube sécréteur la forme des cellules est un peu moins régulière.

Deux de ces éléments suffisant toujours à entourer tout l'organe, on conçoit sans peine que leur longueur doit varier avec le diamètre de celui-ci (fig. 5 à 10). En effet, alors que dans le tube excréteur cette dimension n'excède pas $0^{mm},3$, vers le milieu du réservoir elle dépasse $3^{mm},7$.

La largeur de ces cellules varie également, mais dans des proportions plus restreintes. Elle oscille entre $0^{mm},1$ (tube excréteur) et $0^{mm},5$ (réservoir).

Enfin, l'épaisseur de ces éléments est également sujette à des variations. Tandis que dans la région moyenne du réservoir elle est très faible ($23\,\mu$), elle atteint un chiffre élevé vers la terminaison de celui-ci et dans le tube sécréteur (fig. 11 à 17).

Le tableau ci-dessous réunit les diverses modifications que

[1] Il est aisé de voir cette disposition à l'œil nu ou armé de la loupe, sur un appareil séricigène qui a macéré quelques instants dans une solution à 10 pour 100 d'acide acétique cristallisé. Sous l'influence de ce réactif, le contenu de l'organe se gonfle et écarte les cellules de la paroi qui deviennent parfaitement visibles.

subissent dans leurs trois dimensions les cellules de l'appareil séricigène[1] :

NUMÉRO INDIQUANT LA RÉGION	LONGUEUR millim.	LARGEUR millim.	ÉPAISSEUR
1.	0,27	0,11	23 μ
2.	1,00	0,17	40
2 *bis*.	1,60	0,23	77
3.	2,20	0,35	60
4.	2,40	0,47	35
5.	2,90	0,52	35
6.	3,30	0,52	35
7.	3,70	0,52	35
8.	3,30	0,52	35
9.	2,60	0,46	23
10.	2,40	0,46	23
11.	2,20	0,50	23
12.	0,70	0,50	47
13.	0,50	0,50	60

NOYAU. — Les cellules dont nous venons de décrire la forme et l'arrangement sont nucléées, mais leur noyau présente une disposition qui s'écarte totalement de celle qu'affecte généralement cet organe intracellulaire.

Ordinairement le noyau d'une cellule est une masse arrondie, ovoïde ou bossuée, constituée par un long filament pelotonné et entouré d'une membrane très mince.

Dans certains cas, le filament qui forme la partie essentielle du noyau se déroule plus ou moins et devient parfaitement visible. Leydig décrit et figure des noyaux ayant cette disposition. Il signale même, après H. Meckel, des noyaux encore plus remar-

---

[1] Ces dimensions diffèrent notablement de quelques mensurations que Helm a données pour le *Bombyx mori*. Comme nos mesures, plusieurs fois répétées, ont été faites soit sur des membranes déroulées, soit sur des coupes transversales, nous pensons que les indications de l'auteur allemand se rapportent à des cas particuliers. Quant à l'épaisseur qu'il attribue aux cellules, elle est forcément inexacte, car il a fait ses mensurations sur des coupes optiques, n'ayant pu obtenir des coupes réelles.

quables, dans lesquels le filament se divise et lance des bran-
ches[1].

Robin a également figuré, pour l'appareil séricigène d'une
Tinéide, des cellules renfermant des noyaux ramifiés[2]. De
Lanessan indique, sans donner de figure, que chez le ver à soie
il y a dans l'appareil séricigène des cellules à noyaux rameux[3].

Cette sorte de noyaux est donc connue depuis longtemps, mais
ceux que nous avons rencontrés[4] dans l'appareil séricigène du
Bombyx mori sont des types remarquables par la richesse de
leur arborisation et par leur dissociation qui, parfois, est poussée
jusqu'à une fragmentation complète (fig. 18 à 23).

Le degré de complication de ces noyaux va en croissant du
canal excréteur à l'autre extrémité de l'appareil. Dans le mince
canal qui sert à déverser le contenu du réservoir, on voit, après
coloration au carmin, ou mieux, au vert de méthyle, que les
cellules de la paroi renferment une sorte de cordon irrégulier,

[1] « Les noyaux des glandes séricigènes sont ramifiés et parcourent quelquefois toute la cavité de la cellule en s'élargissant de distance en distance et en s'anastomosant par leurs ramifications... Je connais les glandes séricigènes de chenilles de plusieurs papillons diurnes et nocturnes, et me suis assuré de l'exactitude des assertions de Meckel. Les cellules de sécrétion de ces organes sont véritablement colossales... Les noyaux sont clairs, ils paraissent creux et remplis d'un liquide; traités par l'alcool et l'acide acétique ils prennent, semblablement à d'autres noyaux, des contours plus accusés et deviennent foncés... Les noyaux sont, par exemple dans la chenille du *Saturnia Carpini*, tellement ramifiés que les extrémités claviformes des ramifications viennent à être placées très serrées les unes contre les autres, et qu'au premier coup d'œil on croirait voir beaucoup de noyaux isolés, ronds ou sinueux, au sein d'une substance fondamentale commune. » (Leydig, *Traité d'histologie de l'homme et des animaux*, 1886, p. 397).

[2] Robin, *Anatomie et physiologie cellulaire*, 1873.

[3] « Dans la chenille du ver à soie l'appareil salivaire se compose d'un long tube sinueux, composé d'un grand nombre de cellules à noyaux ramifiés qui débouche dans un vaste réservoir contourné en S. » (De Lanessan, *Le Microscope*, 1876).

[4] Helm a étudié ces noyaux, mais il n'en a pas reconnu la véritable disposition chez le *Bombyx mori* Il figure, en effet, une cellule du réservoir à l'intérieur de laquelle le filament nucléaire constitue un réseau à larges mailles lançant des prolongements en forme de massue ou de crosse. Or, dans cette région le noyau est fragmenté. L'erreur de Helm s'explique par ce fait que, dans la partie antérieure du réservoir, la fragmentation du noyau est encore peu avancée et que, les cellules étant assez épaisses, les prolongements peuvent s'entrecroiser en se plaçant dans des plans différents. Si l'on ne tient pas compte de la différence de niveau qui existe entre les différentes parties du noyau, on peut croire qu'elles sont soudées, et on a alors un réseau au lieu des fragments ramifiés qui existent en réalité.

noueux, contourné dans différents sens et lançant dans des direc-
tions diverses des prolongements qui eux-mêmes sont souvent
bifurqués. Ce filament est le noyau. Il n'est pas continu. On le
voit au contraire divisé en un assez grand nombre de segments.
Mais ceux-ci sont en réalité moins nombreux qu'on ne le penserait
au premier abord. En effet, un examen attentif montre que le
cordon nucléaire n'est pas situé dans un même plan. Souvent il
s'enfonce dans l'épaisseur de la cellule pour reparaître un peu
plus loin dans une couche plus superficielle. De cette façon,
plusieurs segments qui paraissent distincts, sont en continuité
et reliés par des cordons situés dans un autre plan.

Cette disposition est bien plus visible encore dans les cellules
de la portion terminale du réservoir, dans cette région que nous
avons désignée par le numéro 2. Là, en effet, le cordon nucléaire
est plus volumineux, plus facile à examiner et à suivre. Sa disposition paraît plus simple, mais ce n'est qu'une apparence. Les
cellules de cette région sont très épaisses (77 μ) et les différentes
parties du filament sont placées dans des zones très variables.
Aussi, sous le microscope, avec lequel on ne peut voir qu'un
seul plan, on aperçoit seulement une partie restreinte du filament qui paraît alors assez simple. Mais il suffit de faire varier
le point pour se rendre compte de sa complexité.

Les coupes verticales des cellules de cette région sont également fort instructives, car elles montrent le cordon se ramifiant
et lançant des prolongements qui, en général, se rendent vers
la surface extérieure (fig. 24).

Ainsi dans les cellules du canal excréteur, et surtout dans
celles de la terminaison du réservoir, qui sont plus commodes
pour l'étude, le noyau est constitué par un filament interrompu,
homogène[1], réfringent, de diamètre variable, plongé dans le

---

[1] Dans l'appareil séricigène complètement développé, le filament nucléaire semble homogène, mais dans les cellules de l'appareil très jeune, on peut y distinguer les microsomes
chromatiques.

protoplasma au sein duquel il se contourne, se replie, se ramifie. Par suite de cette disposition le noyau se répand dans toute l'étendue de la cellule, et n'est point isolé du protoplasma par une membrane d'enveloppe[1].

Dans les autres régions de l'organe, le noyau offre une disposition analogue, mais ses segments sont d'autant plus courts que la cellule est plus postérieure. Vers le milieu du réservoir (n° 6), on trouve encore des segments relativement longs, un peu ramifiés et assez espacés les uns des autres. Plus loin (n° 10), ils sont beaucoup plus courts, plus serrés et en même temps plus noueux. Enfin, dans le tube sécréteur, ce sont de petits tronçons tortueux, semés dans le protoplasma, sans être reliés entre eux d'aucune façon.

Quel que soit le degré de complication de ce noyau, il ne présente jamais de nucléole.

Le noyau que nous venons de décrire est un type aberrant; et il est difficile de donner une explication de sa disposition anormale. On n'a point là un filament nucléaire simplement déroulé. On n'a pas non plus un filament segmenté qui indiquerait que la cellule va bientôt se diviser. Ce noyau est ramifié et segmenté[2], et les cellules dans lesquelles on le trouve ne se reproduisent pas. Ce sont des éléments spécialisés, adaptés à une fonction bien déterminée. Dès l'origine ils se disposent comme on les retrouve au cinquième âge du ver, et ils font face à l'accroissement de l'appareil en augmentant toutes leurs dimensions.

Il est donc malaisé d'expliquer ce grand développement du noyau et son extension dans toute l'étendue de la cellule. Il semble que le noyau, à mesure que l'élément s'accroît, s'étend dans le protoplasma, de façon à être continuellement en rapport avec lui dans tous ses points. Mais pourquoi ces rapports si

---

[1] A. Robin a trouvé une membrane d'enveloppe au noyau ramifié qu'il a étudié chez les Tinéides.

[2] Voir Carnoy, *Biologie cellulaire*, p. 322.

intimes ? Quel rôle joue ici le filament nucléaire ?. Il est impossible même de le soupçonner. La seule fonction bien démontrée du noyau est celle qu'il remplit dans la segmentation des cellules, et nous avons ici des cellules qui ne se divisent pas.

Nous sommes donc en présence d'un fait très curieux que l'on doit, actuellement, se contenter de signaler sans lui donner d'explication.

Nous venons d'étudier complètement la couche cellulaire de l'appareil séricigène. La paroi de ce dernier renferme encore, comme on l'a vu, deux autres membranes.

Membrane basale. — La membrane basale, ou *tunica propria* est la plus externe. Elle est mince, transparente, très solide et en même temps élastique. Elle possède une grande réfringence et ne présente pas trace de structure. C'est une membrane homogène et anhiste.

Cuticule interne. — Mais la plus interne, l'intima, est une cuticule dont la structure est des plus intéressantes[1]. De même que les noyaux elle sort du type général. Au lieu de constituer une lame homogène, compacte, elle présente, sur presque toute l'étendue de l'organe, une disposition remarquable qui la transforme en une sorte de crible (fig. 28).

Sur une membrane déroulée et examinée par sa face interne, on voit l'intima formée par des fils très minces (environ $0\mu,7$), cylindriques, et enroulés circulairement[2]. Ces fils, placés côte à côte et parallèlement, à une distance de 3 à 4 μ, se lancent de

---

[1] Helm décrit l'intima comme une membrane striée radialement et percée de très fins canalicules perpendiculaires à sa surface, conduits qui permettent aux liquides sécrétés par les cellules de traverser la cuticule interne. Ces canalicules se continueraient même à l'intérieur des cellules.

[2] Nous n'avons pu constater si ces fils étaient disposés en spirale, à la façon du filament des trachées ; cette disposition est cependant la plus probable.

loin en loin quelques anastomoses, mais celles-ci sont en petit nombre. Sur toute leur longueur et des deux côtés ces filaments poussent de petits bourgeons ramifiés qui s'entre-croisent avec ceux du fil voisin, sans les toucher cependant. Les anastomoses se comportent de la même façon (fig. 29, 31).

Sur une préparation prise dans la paroi du réservoir et colorée au vert de méthyle, cette disposition est parfaitement visible. Les filaments en particulier se montrent avec la plus grande netteté. Il arrive même souvent que, par suite de tiraillements exercés pendant l'opération assez difficile du déroulement de la membrane, un certain nombre de ces fils sont détachés, et on les voit alors déplacés, repliés, ondulés, tordus, etc.

Sur une coupe longitudinale, les bourgeons sont peu visibles, mais les filaments, coupés en travers, sont très nets et se présentent avec l'apparence de points réfringents formant une ligne qui double en dedans la membrane cellulaire (fig. 30).

Les filaments forment un système relativement indépendant des bourgeons ramifiés qu'ils supportent. En effet, les fils ont une épaisseur plus considérable et se séparent assez aisément des bourgeons. Néanmoins les filaments et leurs appendices présentent les mêmes réactions vis-à-vis des colorants, pour lesquels ils ont peu d'affinité, et résistent également aux solutions alcalines. Ces deux systèmes sont donc bien de même nature, et leur ensemble constitue la membrane cuticulaire, qui comprend un fil spiral et une lame unissante, cette dernière découpée de façon à former les bourgeons ramifiés.

L'intima, telle qu'elle vient d'être décrite, est parfaitement nette dans le réservoir. Dans le tube sécréteur elle offre la même constitution, mais son étude est beaucoup plus difficile, car elle est masquée par une épaisse couche de granulations de fibroïne.

A l'autre extrémité de l'appareil séricigène, cette membrane interne subit une modification profonde qui la ramène au type général de cuticules. A une petite distance de la terminaison du réservoir, les bourgeons cuticulaires augmentent de volume et par suite se rapprochent les uns des autres. Bientôt ils deviennent coalescents, se soudent, et alors l'intima est constituée par une membrane pleine dans l'épaisseur de laquelle on continue cependant à distinguer les filaments circulaires. L'épaisseur de cette membrane augmente peu à peu, et, au niveau du tube excréteur, elle atteint 15 μ, dimension qu'elle conserve jusqu'à la filière (fig. 27, 29).

Cette transformation démontre de la façon la plus évidente que le double système de filaments et de bourgeons, que nous avons décrit dans le tube sécréteur, est bien de nature cuticulaire et constitue réellement l'intima de la glande.

Si bizarre que soit la disposition de cette membrane[1], elle est parfaitement en rapport avec les fonctions de la couche cellulaire qu'elle revêt. Celle-ci, comme nous le verrons plus loin, sécrète par toute son étendue, depuis l'origine du tube sécréteur jusqu'à la terminaison du réservoir. Il est donc nécessaire, pour que les produits sécrétés puissent s'échapper, que la cuticule présente une multitude d'orifices disséminés sur toute sa surface. Cette condition est parfaitement réalisée par la disposition que nous venons de décrire, disposition qui transforme l'intima en une sorte de crible ou de tamis. Du reste, aussitôt que la sécrétion disparaît, vers le tube excréteur[2], l'intima revient au type normal et se transforme en une membrane cuticulaire compacte.

---

[1] Cette structure de l'intima n'est pas un fait unique. P. Bert figure, pour les trachées du Grillon domestique, une cuticule réticulée qui a beaucoup d'analogie avec la cuticule interne des tubes séricigènes.

[2] Helm affirme que les cellules du canal excréteur sécrètent et il appuie son opinion sur les raisons suivantes : « *Puisque ces cellules ne se distinguent des autres ni par leur forme, ni par la physionomie du noyau, il ne faut pas leur assigner une autre fonction. Elles sont aussi des cellules sécrétantes et la partie antérieure n'est pas un conduit excréteur.* » La transformation que nous avons indiquée pour l'intima suffit à montrer qu'il n'y a pas de sécrétion dans le canal sécréteur, et en outre, l'examen des coupes transversales démontre qu'aucun produit ne prend naissance à ce niveau. L'opinion de Helm est donc inexacte, tout au moins en ce qui concerne le *Bombyx mori*.

Résumé. — D'après ce qui précède, on voit que la glande séricigène a une paroi composée de trois membranes.

1° Une membrane basale, anhiste et très mince, qui enveloppe complètement l'organe.

2° Une membrane cellulaire, formée par une seule couche d'éléments plats, juxtaposés bord à bord et enroulés autour de l'appareil séricigène. Ces cellules, d'épaisseur variable, sans enveloppe, pourvues d'un noyau très ramifié, fragmenté et sans nucléole, ont la forme de parallélogrammes terminés en pointe à leurs deux extrémités, pointes qui s'intercalent les unes entre les autres. Deux cellules suffisent à entourer complètement l'organe.

3° Une intima ou cuticule interne, constituée par un système de fils circulaires auxquels sont rattachés des bourgeons ramifiés qui s'entrecroisent avec les bourgeons voisins. Vers la partie terminale du réservoir cette intima se transforme en une cuticule compacte, qui se continue dans le canal excréteur.

SÉCRÉTION DE LA SOIE

Connaissant avec exactitude la structure de l'appareil séricigène, nous pouvons aborder le point principal de cette étude, c'est-à-dire la sécrétion de la soie.

La soie, telle qu'elle est émise par le ver, telle qu'elle existe dans le cocon, est un mélange, dans des proportions variables, de trois substances. Deux, la *fibroïne* et le *grès* sont bien connues. La troisième, que nous sommes les premiers à signaler, est encore mal déterminée, et nous l'appellerons le *mucus* (ou mieux la *mucoïdine)*, en nous basant sur le rôle qu'elle semble jouer dans l'appareil séricigène. En outre la soie renferme souvent une *matière colorante.*

Nous allons étudier successivement la sécrétion de ces quatre substances.

Sécrétion de la fibroïne. — La fibroïne est fabriquée par la paroi du tube sécréteur seul, et, bien entendu, exclusivement par la couche cellulaire qui entre dans la constitution de celle-ci.

Sur des coupes transversales très minces faites à travers cette paroi, on peut saisir exactement le mode de cette sécrétion (fig. 35). En effet, si on examine ces coupes après les avoir colorées au picro-carminate d'ammoniaque ou au vert de méthyle, on constate la présence, dans l'épaisseur des cellules, de petits groupes de granulations. Ces amas, placés entre les segments du cordon nucléaire, sont constitués par des grains de fibroïne de volume variable, les uns très fins, les autres atteignant des dimensions relativement fortes (6 à 9 μ). Leur ensemble présente l'apparence d'une minuscule grappe de raisin.

Le protoplasma cellulaire, par une élaboration spéciale, fabrique ces corpuscules de fibroïne. Ceux-ci se rassemblent en certains points, qui sont forcément les parties du protoplasma que le noyau a laissées libres. Là, ces granulations se fusionnent, donnent de petits grains, qui se réunissent à leur tour pour former des globules plus volumineux.

Ces corps ne peuvent s'accumuler indéfiniment dans les mêmes points. Peu à peu ils s'avancent vers la surface interne de la cellule, et là, ils sortent du protoplasma, passent à travers les ouvertures de la cuticule, et pénètrent à l'intérieur du tube.

Sur la face interne de la membrane cellulaire déroulée, on distingue très nettement les points nombreux au niveau desquels s'effectue cette sortie. Ces points sont reconnaissables à la présence de quelques grains plus ou moins volumineux de fibroïne, qui, serrés les uns contre les autres, font saillie à la face interne de la cellule (fig. 36).

Ce mode de sécrétion mérite d'être signalé. Il est fort intéressant en effet de voir une substance fabriquée par des cellules,
en sortir par effraction en écartant le protoplasma sur son
passage, sans que la vitalité de ces éléments soit atteinte par
ces lésions sans cesse renouvelées.

Il y a de nombreux exemples de cellules qui accumulent à
leur intérieur des produits à moitié solides, pour les rejeter plus
tard, mais ces éléments sont souvent détruits au moment où leurs
produits sont mis en liberté, et il faut de nouvelles cellules pour
continuer la sécrétion. Telles sont en particulier les cellules des
glandes sébacées. Il n'en est pas de même dans le cas des glandes
séricigènes. Les mêmes éléments fonctionnent pendant toute
l'existence du ver, en fournissant des quantités considérables de
fibroïne. Il y a donc là une différence capitale qui sépare nettement
les glandes à soie des autres organes glandulaires sécrétant des
produits denses et les accumulant à l'intérieur de leurs cellules.

Les grains de fibroïne, après leur migration à travers le protoplasma de la cellule au sein de laquelle ils se sont formés, se
réunissent dans la cavité du tube sécréteur. Là, ils se fusionnent
pour constituer la masse de fibroïne qui le remplit. Par suite
de la consistance un peu pâteuse de la fibroïne, cette fusion ne
s'accomplit que peu à peu, et l'étude des coupes transversales
du tube sécréteur montre comment elle s'opère.

Sur ces coupes, en effet, on voit que la lumière du tube est
remplie par un amas de fibroïne dans laquelle on peut distinguer
plusieurs parties (fig. 32). D'abord, au centre, existe une masse
principale que nous appellerons le *cylindre central*. Entre ce
cylindre et la paroi se trouve intercalée une couche formée par une
grande quantité de grains de fibroïne disposés en plusieurs strates.
Ces corpuscules ont une forme et une grandeur variable suivant
leur position. Tout à fait à la périphérie ils sont très petits. A
mesure qu'ils se rapprochent du cylindre central ils augmentent
de grosseur en se fusionnant. En même temps ils s'aplatissent,

s'étendent parallèlement à la surface et constituent des plaques étalées sur la masse centrale. Les masses les plus proches se soudent avec le cylindre axial et en augmentent peu à peu le volume (fig. 34).

Il y a, ainsi superposées, cinq à six couches de corpuscules de fibroïne dont le volume va en croissant de dehors en dedans. A mesure que les plaques les plus rapprochées du centre se fusionnent avec le cylindre central, les autres couches se rapprochent et de nouvelles granulations de fibroïne, sorties des cellules, les recouvrent extérieurement.

On peut souvent saisir sur le fait ce mécanisme. Dans certaines préparations où la paroi et les couches sous-jacentes de fibroïne ont été écartées du cylindre central, on voit de petites masses soudées à la fibroïne axiale, mais s'en distinguant encore d'une façon très nette (fig. 33).

SÉCRÉTION DU GRÈS. — La fibroïne sécrétée dans la première partie de l'appareil séricigène se déverse sans cesse dans le réservoir, et, dès son arrivée, elle y est entourée par une matière nouvelle qui est fabriquée dans cette région. Cette substance est le grès, qui joue un grand rôle dans la fabrication du cocon, et dont l'importance n'est pas moindre au point de vue industriel.

Chimiquement, le grès diffère surtout de la fibroïne en ce qu'il renferme plus d'oxygène[1]. De là cette idée, émise autrefois par Bolley, que le grès est formée par oxydation de la fibroïne lors du contact de la bave avec l'atmosphère.

Si, comme composition élémentaire, le grès a beaucoup de rapport avec la fibroïne, il n'en est plus de même si l'on envisage

[1] Composition chimique du grès et de la fibroïne :

	GRÈS	FIBROÏNE
Carbone.	46,50	47,70
Hydrogène.	6,04	6,39
Azote.	17,40	17,91
Oxygène.	30,06	18,10

(Analyse de M. Raulin.)

ses propriétés physiques, qui font que, dans l'industrie, ce n'est qu'un corps inutile, et même gênant, dont il faut débarrasser le fil de soie avant de le mettre en œuvre.

Étudié au microscope, le grès est une substance trouble, très finement granuleuse[1], qui fixe les matières colorantes bien mieux que la fibroïne. Il a cependant pour l'acide picrique moins d'affinité que cette dernière. Aussi les réactifs doubles, tels que le picro-carminate d'ammoniaque ou mieux la picro-coccinine, sont très précieux pour obtenir des préparations à double teinte, dans lesquelles la fibroïne est colorée en jaune par l'acide picrique, tandis que le grès a fixé la matière colorante rouge. Le vert de méthyle donne également de très bons résultats. En colorant d'abord la préparation en masse, et en la lavant ensuite à l'alcool, on constate que la fibroïne se décolore la première, puis le grès perd sa matière colorante, et c'est la membrane d'enveloppe qui reste colorée la dernière. On peut donc obtenir des préparations colorées de façon à montrer nettement la disposition des différentes parties du réservoir et de son contenu[2].

Le grès jouit encore d'une propriété bien connue, et que nous rappelons parce que nous en tirerons parti plus tard : il se dissout très facilement dans les solutions alcalines, alors que la fibroïne leur résiste longtemps.

En se servant d'une façon judicieuse de ces différentes propriétés du grès et de la fibroïne, on peut étudier minutieusement l'apparition du premier de ces corps, l'accroissement de sa masse, et sa disposition autour du noyau central formé par le second.

Le grès se montre dès l'origine du réservoir (n° 11); il forme alors une mince couche qui enveloppe le noyau central et la zone des granulations de fibroïne. Une série de coupes transversales,

---

[1] Et non « presque aussi cristalline que la soie », comme l'a dit Duseigneur.

[2] M. Anderlini, de Padoue, a employé le réactif de Millon pour obtenir la double coloration du grès et de la fibroïne.

faites à travers les différentes régions du réservoir montre que la couche de grès augmente peu à peu jusque vers le milieu de l'organe (n°s 5, 6, 7). A partir de cette région, l'épaisseur absolue du grès diminue jusqu'au tube excréteur (fig. 40 à 47).

Le tableau ci-dessous montre ces variations d'une façon absolue, et relativement à celles de la fibroïne, dans un ver prêt à faire son cocon.

NUMÉRO DE LA RÉGION	ÉPAISSEUR DE LA COUCHE DE GRÈS	RAYON DU CYLINDRE DE FIBROÏNE	RAPPORT ENTRE L'ÉPAISSEUR DU GRÈS ET CELLE DE LA FIBROÏNE
1.	9 μ	38 μ	0,23
2.	19	256	0,07
3.	47	494	0,09
4.	47	512	0,09
5.	66	665	0,10
6.	66	760	0,08
7.	66	902	0,07
8.	46	712	0,06
9.	28	587	0,04
10.	9	570	0,01
11.	4	520	0,01

L'examen de ces chiffres montre que l'épaisseur *relative* du grès augmente régulièrement depuis l'origine du réservoir jusqu'à la région 5, où elle atteint son maximum. A partir de ce point elle décroît un peu, puis augmente de nouveau très rapidement vers la terminaison. Cette augmentation rapide est due, non à un nouvel accroissement du grès en épaisseur, mais à une diminution brusque du cylindre de fibroïne.

S'il est aisé de constater que c'est dans le réservoir, et en particulier dans les deux tiers postérieurs de celui-ci que se produit le grès, le mécanisme de cette production nous a échappé[1].

---

[1] Cornalia, dit, p. 167 : « *La membrane du réservoir, examinée au premier moment de son entier développement, paraît chargée de granulations diversement groupées, auxquelles j'attribue la sécrétion du grès.* » Nous n'avons jamais constaté cette apparence du réservoir, du reste, ces granulations existeraient-elles qu'elles ne pourraient avoir le rôle que leur attribue Cornalia.

Malgré des essais nombreux où nous avons mis en œuvre tous les moyens à notre disposition, il nous a été impossible de saisir le phénomène intime de cette sécrétion. Cette fonction est remplie par les cellules des deux tiers postérieurs du réservoir (celles du tiers antérieur étant affectées à un autre usage), mais ces éléments n'offrent aucune particularité à laquelle on puisse rattacher la production du grès. Bien plus, ils ont une épaisseur relativement faible qui ne semble pas en rapport avec l'importance de leur rôle et la grande activité qu'il nécessite.

Cette remarque pourrait faire penser que la paroi du réservoir est simplement un filtre qui laisse passer le grès, celui-ci étant fabriqué en un autre point de l'organisme et transporté par le sang. Cette idée ne pourrait être vérifiée que par des analyses chimiques du sang, recherches qui ne sont point de notre compétence. Du reste, il semble à première vue assez extraordinaire que deux substances aussi voisines que le grès et la fibroïne, substances que l'on trouve associées dans le même appareil, n'y soient point produites toutes deux, et que l'une d'elles, fabriquée au loin, arrive dans le réservoir d'une façon détournée.

Aussi croirions-nous plus volontiers que la paroi du réservoir ne sécrète pas, mais joue un rôle modificateur. On a vu plus haut, d'après les analyses minutieuses de M. Raulin, que le grès est en quelque sorte, au point de vue chimique, de la fibroïne oxydée. Il nous semble que l'on pourrait reprendre, en la corrigeant, la théorie de Bolley qui fait dériver le grès de la fibroïne modifiée par le contact de l'air sur la bave au moment de son émission. D'après nos suppositions, la production du grès s'effectuerait de la façon suivante :

La fibroïne, en arrivant dans le réservoir, se trouve au contact d'une membrane étendue, très mince et particulièrement riche en trachées qui lui apportent une quantité d'air considérable. Sous l'influence de cet air, avec lequel elle se trouve en contact presque immédiat, et aussi par suite de l'action directe des cellules de la paroi, la fibroïne est modifiée dans ses couches superficielles. Ces modifications, dont la principale est une oxydation, la transforment partiellement en grès.

Cette théorie tient compte à là fois de la composition chimique du grès, et des indications fournies par l'anatomie et l'histologie de l'organe. Elle est également d'accord avec la physiologie générale des glandes qui a démontré que, dans certains de ces organes, une partie sécrète et l'autre remanie le produit sécrété.

Mais nous n'avançons ceci que comme une hypothèse destinée à combler provisoirement une lacune de nos connaissances, et nous nous réservons d'entreprendre à ce sujet des expériences qui nous indiqueront ce qu'il faut en accepter ou en rejeter.

Quoi qu'il en soit de la sécrétion du grès, on rencontre souvent dans l'épaisseur de cette substance des grains plus ou moins volumineux de fibroïne. Dans les coupes transversales du réservoir, et en particulier de sa partie postérieure, on voit fréquemment, dans la couche de grès, des corps de dimensions et de forme variables, globuleux, piriformes, allongés, cylindriques, etc. (fig. 37).

Sous l'action du picro-carminate d'ammoniaque, ces masses prennent une coloration rouge plus intense que celle du grès, tandis que la fibroïne se colore en jaune. En traitant la préparation par une solution de potasse, on dissout presque instantanément le grès, en même temps que l'on détruit le carmin ; la coloration jaune donnée par l'acide picrique persiste. Après avoir fait subir ce traitement à la coupe, on constate que les masses rouges n'ont pas été détruites ; elles ont conservé leur forme et leurs dimensions, et flottent librement dans le liquide, par suite de la disparition du grès (fig. 38). Mais leur couleur a changé : le carmin a disparu, elles sont devenues jaunes et ont exactement le même aspect que la fibroïne centrale. Ces corps ne sont donc que des masses de fibroïne. Ils avaient fixé l'acide picrique, mais leur teinte était masquée par le carmin accumulé à leur périphérie sur le grès, qui était sans doute un peu condensé à ce niveau.

Du reste la nature de ces grains est nettement démontrée par certaines préparations dans lesquelles on les voit s'accoler à la masse centrale et se souder avec elle (fig. 39).

Ces grains de fibroïne errant dans le grès ne signifient pas que le réservoir sécrète de la matière soyeuse. Ils proviennent de la couche périphérique que nous avons vue dans le tube sécréteur. Les petites masses de fibroïne qui constituent cette zone ne sont pas toutes fusionnées avec le cylindre central au moment où celui-ci se répand dans le réservoir. A l'origine de ce canal, le grès fait son apparition, s'infiltre entre ces granules, les sépare les uns des autres en même temps qu'il les isole de la masse centrale. Ils sont ainsi dispersés dans le grès, et ce n'est que peu à peu qu'ils arrivent au contact du cylindre axial et se confondent avec lui. Quelques-uns même restent toujours indépendants et nous indiquerons plus tard leur dernière évolution.

Sécrétion du mucus. — Lorsqu'on étudie une série complète de coupes du réservoir, on constate que le grès n'est pas la seule substance surajoutée à la fibroïne pendant son passage à travers ce conduit. Il s'y forme un nouveau produit, inconnu jusqu'à ce jour, et que nous nommerons le *mucus*, ou mieux la *mucoïdine*.

En effet, en examinant le réservoir dans sa partie antérieure (n°s 4, 3, 2), on remarque, sur les coupes convenablement colorées au vert de méthyle, qu'il existe à la périphérie du grès, entre cette couche et l'enveloppe, une troisième substance, qui fixe les matières colorantes bien plus énergiquement que les deux premières (fig. 42 à 47).

Ce mucus, comme nous l'avons nommé, se montre dès l'origine de la portion antérieure du réservoir sous forme de grains assez volumineux. À mesure que l'on se rapproche du canal excréteur, cette substance devient plus abondante, forme des amas à la surface du grès. Ces amas se réunissent, se soudent, et finissent par constituer une zone continue qui enveloppe complètement le cylindre de grès et de fibroïne. Ce revêtement de mucus se continue dans le tube excréteur et accompagne le brin de soie jusqu'au delà de la filière[1]. Sa destinée ultérieure nous est inconnue.

Quel est cette substance et quel rôle remplit-elle ?

Aucun auteur ne l'a encore signalée, et nous sommes les premiers à en faire mention[2]. D'après ses caractères histologiques nous croyons que ce corps est une substance albuminoïde assez dense. Elle fixe énergiquement les colorants, autant et plus que les noyaux cellulaires ; l'acide acétique la gonfle, puis la dissout, et elle se coagule parfaitement par l'alcool fort sans que le retrait que lui fait subir ce traitement y détermine des fissurations ou des vacuoles. Ces remarques nous donnent des indications sur la nature et l'état de concentration de ce corps.

Quant à son rôle, nous le déduirons du point où il apparaît et de la position qu'il occupe. On voit cette substance se former au moment où le réservoir commence à diminuer de calibre. Elle entoure complètement le cylindre de fibroïne et de grès et s'in-

---

[1] Voici l'épaisseur des couches de fibroïne, de grès et de mucoïdine dans la troisième portion du réservoir.

N° DE LA RÉGION	ÉPAISSEUR DU MUCUS	ÉPAISSEUR DU GRÈS	RAYON DU CYLINDRE DE FIBROÏNE
4.	traces	47 µ	512 µ
3.	28 µ	47	494
2.	4	9	38
1.	4	9	38

[2] Faut-il assimiler ce mucus à l'enveloppe céréo-résineuse indiquée par Cornalia et que cet auteur croit être secrétée par les glandules de Filippi? Nous ne le pensons pas, car les réactions microscopiques de cette substance la rapprochent des albuminoïdes et non des huiles ou des résines.

terpose entre la paroi et le brin dans le tube excréteur. Ce sont là des raisons probantes pour croire que ce corps est une substance destinée à faciliter l'allongement du brin et son glissement dans le canal excréteur. Il joue donc le même rôle que le mucus dans d'autres circonstances, et c'est par suite de cette analogie que nous lui avons donné le nom de mucoïdine[1].

Le mode de formation de la mucoïdine ne nous est pas connu mais nous pensons qu'il y a réellement sécrétion, car au niveau où cette matière prend naissance, les cellules augmentent notablement d'épaisseur[2], modification qui correspond nécessairement à un surcroît d'activité fonctionnelle.

SÉCRÉTION DE LA MATIÈRE COLORANTE. — Au niveau du réservoir, la fibroïne se charge assez souvent d'une troisième substance accessoire, la matière colorante.

C'est ce nouveau corps qui donne aux cocons des diverses races du *Bombyx mori* ces teintes si variées qui oscillent du jaune paille au jaune citron et même au vert pâle.

La chimie a montré que cette substance est une matière rouge (tout au moins dans les cas étudiés), soluble dans l'alcool, l'éther, les huiles grasses volatiles, etc., détruite par le chlore et l'acide sulfureux.

Dans un travail antérieur[3] nous avons étudié le mode d'après lequel cette matière colorante vient s'ajouter à la soie du réservoir. Nous rappellerons donc simplement les conclusions auxquelles nous sommes arrivé à ce propos.

1° La matière colorante provient du sang qui, soit la fabrique de toutes pièces, soit l'emprunte aux substances contenues dans l'intestin[4].

---

[1] Robinet signale un liquide sortant par gouttelettes en même temps que le fil, et qu'il suppose destiné à lubrifier la filière. Ces gouttelettes (dont nous n'avons jamais constaté l'existence) ne sont peut-être, si elles existent, que de la mucoïdine.

[2] Voir le tableau de la page 14 (nos 2, 2 *bis*, 3).

[3] L. Blanc, *Note sur la matière colorante de la soie du* Bombyx Mori *(Compte rendu du Laboratoire d'étude de la soie.* Lyon, 1877).

[4] La première de ces deux hypothèses est la plus probable.

2° Elle passe du sang dans la fibroïne en traversant par endosmose la paroi du réservoir. Ce passage s'effectue par toutè l'étendue de celle-ci[1].

3° Elle se mêle au grès et à la fibroïne par imbibition.

Cette dernière proposition ayant été relevée et contestée depuis peu, nous insisterons à son sujet, afin de dissiper tous les doutes.

Nous avons dit que la matière colorante se mêle au grès d'abord, à la fibroïne ensuite, par imbibition. Cette disposition de la matière colorante, et surtout cette coloration de la fibroïne, qui est le point contesté, sont parfaitement saisissables sur les coupes du réservoir. On voit le grès coloré, avec une zone moyenne plus fortement teintée, et la fibroïne présentant une couleur jaune qui se dégrade et pâlit de la périphérie au centre.

M. Anderlini[2] objecte que cette diffusion du colorant dans la fibroïne est due au durcissement dans l'alcool, réactif qui a dissout le pigment jaune et lui a permis de se répandre hors de sa station normale, le grès. Mais il n'est point nécessaire de recourir à l'action de l'alcool pour expliquer ce phénomène. La matière colorante est en dissolution dans le sang du ver : elle peut donc imbiber aisément le grès, puis la fibroïne, et n'a pas besoin du secours de l'alcool pour attaquer cette dernière. L'objection soulevée par l'observateur italien ne peut donc être prise en considération.

Du reste, l'examen des coupes transversales de cocons fortement teintés, tels que ceux de la race verte du Japon, montre que le brin de soie est bien coloré, tout au moins dans les vestes moyennes et externes, tandis que le grès offre une nuance bien

---

[1] MM. Raulin et Sicard, dans un travail déjà cité, ont indiqué que la matière colorante apparaît en premier lieu dans la partie postérieure du réservoir. D'après nos propres recherches, on voit, dans les vers au cinquième âge, la matière colorante apparaître brusquement avec toute son intensité dès l'origine du réservoir et teinter en s'atténuant peu à peu une étendue plus ou moins grande de celui-ci, selon l'âge du ver. Lorsque le ver est prêt à filer, le réservoir tout entier est coloré d'une façon uniforme.

[2] Anderlini, *Struttura del filo serico* (*Bollettino mensile di bachicoltora*, Padoue, 1877).

moins vive[1]. Les coupes qui nous ont donné ce résultat ont été faites sans le secours de l'alcool, de l'éther, ou d'autres dissolvants du pigment. Elles donnent donc la disposition exacte de la matière colorante dans le brin.

Nous devons ajouter que les cocons qui ont servi à cette étude étaient des cocons desséchés. Or, M. Anderlini dit[2] : « *Autant qu'il me semble, la matière colorante, par suite de l'étuvage, du chauffage et du dessèchement, se répand et pénètre dans les parties de la bave qui, à l'état frais, n'en contiennent pas.* » Nous avouons ne pas comprendre comment le chauffage, en desséchant le cocon, et par suite la matière colorante, permet à celle-ci de se répandre. Nous croirions plus volontiers que le dessèchement n'a qu'une action, c'est de fixer la matière colorante où elle se trouve.

FORMATION DU BRIN ET DE LA BAVE

Nous venons d'étudier la sécrétion des quatre substances dont l'ensemble constitue la soie brute, et nous avons vu comment elles se juxtaposaient successivement. A la terminaison du réservoir (fig. 46), ces éléments du fil soyeux sont réunis et superposés. Au centre de l'organe on trouve le noyau de fibroïne absolument homogène. Strauss-Durckeim, se basant sur une expérience mal interprétée a autrefois annoncé que le fil de soie préexistait dans le réservoir, et Robinet a réfuté ses conclusions de la façon la plus nette. M. Verson est cependant revenu sur ce point et dit qu'en traitant la masse de fibroïne par la potasse, elle se sépare en d'innombrables filaments très fins. Nous avons

---

[1] Cette différence de teinte est probablement une illusion d'optique due à la réfraction des rayons lumineux sur les bords de la coupe. Ce phénomène fait paraître le grès plus brillant et par suite moins coloré.

[2] *Loc. cit.*

essayé maintes fois de répéter cette expérience en variant le titre de la solution, sa température et la durée de son action, mais nous avons toujours échoué. Nous maintenons donc notre affirmation, *que la fibroïne du* Bombyx mori *est homogène*. C'est ce que l'on constate en toute circonstance sur les coupes du réservoir, et rien, dans le mode de sécrétion ou dans les mouvements de la fibroïne à travers l'appareil séricigène ne peut expliquer une fasciculation de cette substance.

Autour de ce noyau central de fibroïne, on voit une couche de grès, granuleuse, surtout à sa périphérie, mais dans laquelle on ne peut distinguer plusieurs zones.

La substance colorante, quand elle existe, se trouve répandue dans le grès, et imbibe également la fibroïne, surtout à sa périphérie.

Enfin ce double cylindre est enveloppé par une zone de mucoïdine[1].

Sous l'influence des contractions générales du ver, la masse soyeuse formée par la réunion de ces diverses matières s'engage dans le canal excréteur et y chemine, poussée par la pression qu'elle subit. Ce phénomène se répète à plusieurs reprises pendant la vie du ver. Dès sa naissance, celui-ci émet quelques centimètres d'une bave dont le diamètre ne dépasse pas 1 μ. Pendant son évolution, la larve lance de loin en loin un peu de fil. Mais ce n'est qu'à la dernière période, au moment où le ver prépare l'abri dans lequel doivent s'accomplir ses transformations ultimes, que l'excrétion de la soie acquiert toute son intensité. A ce moment la chenille émet un fil continu de 1200 à 1500 mètres de longueur.

---

[1] Cette disposition des substances constituant la soie rend impossible l'émission du grès seul, que Cornalia a indiquée : « *Ritendo che questa sostanza si il puro glutine secreto dal serbatojo, glutine che per un movimento particolare del baco può scorrere prima del filo ed uscir solo.* »

Pendant l'émission de la bave, les deux moitiés de l'appareil séricigène se vident simultanément. Les substances qui remplissent les réservoirs sont poussées en avant. Elles s'engagent ensemble dans l'espèce d'entonnoir qui termine le réceptacle où elles sont contenues, puis pénètrent dans le canal excréteur pour aboutir à la filière (fig. 43).

On remarque que ces trois corps ne passent pas aussi facilement les uns que les autres, par suite des différences qui existent entre leurs degrés de fluidité.

En effet, dans la portion terminale du réservoir l'épaisseur de la mucoïdine, du grès, et le rayon de la fibroïne sont respectivement égaux à 18, 19 et 128 μ. Dans le canal excréteur ces dimensions se réduisent à 4, 9 et 19 μ.

Le mucus est donc devenu 4,5 fois moins épais qu'avant, le grès 2 fois et la fibroïne 6,7 fois moins.

Ces chiffres démontrent que c'est la fibroïne qui s'est le plus étirée; après elle vient le mucus et en dernier lieu le grès.

Le grès jouit donc d'une ductilité bien moins grande que la fibroïne. La résistance de ce corps à l'allongement est corrigée par la présence de la mucoïdine qui, plus fluide, facilite le glissement du fil de soie et de grès dans l'entonnoir terminal et le canal excréteur.

Les diverses matières constituant la soie conservent, pendant leur trajet à travers le tube excréteur, leurs caractères propres, et en particulier, la fibroïne reste homogène. Une coupe transversale du canal excréteur ne diffère d'une section du réservoir (n° 2 ou 3) que par les différences de dimension absolue et d'épaisseur relative des différentes substances que l'on aperçoit dans le champ du microscope (fig. 46, 47).

Le brin de soie ainsi formé chemine dans le canal excréteur, et, pendant ce trajet, commence à se condenser ainsi que l'avait remarqué Robinet, mais ce n'est pas là qu'il acquiert sa forme définitive et Robinet a fait erreur en affirmant que les tubes capillaires doivent être considérés comme la filière de la soie[1].

Près de la terminaison du canal excréteur, le brin reçoit le produit encore inconnu des glandes de Filippi et arrive dans la filière, au point où les deux canaux se fusionnent. Il se met alors en rapport de contact avec son congénère venu de l'autre moitié de l'appareil. Ces deux fils ainsi réunis se collent l'un à l'autre. La couche de mucoïdine commence par se souder avec sa voisine. Puis les deux fils entourés chacun de grès et se rapprochant au sein de la gaine commune de mucus, arrivent au contact et soudent leur enveloppe de grès. Il y a donc alors deux brins de fibroïne entourés par une double zone de grès et de mucoïdine.

Le fil ainsi constitué est la bave. Celle-ci traverse rapidement la filière, et c'est alors que les brins semblent acquérir leur forme définitive.

Arrivée à l'air libre, la fibroïne achève, d'une façon presque instantanée, de se solidifier et acquiert la ténacité qui la rend si précieuse.

Il y a cependant quelques réserves à faire à ce sujet. On ne sait pas encore si la ténacité de la bave est constante, et si elle arrive à son maximum dès les premiers moments. Il serait fort intéressant d'étudier à ce point de vue une série de cocons de même race et du même élevage, pendant une période commençant au premier jour de leur formation et s'étendant jusqu'à une limite que l'expérience indiquerait.

STRUCTURE DU BRIN ET DE LA BAVE

La structure du brin et de la bave est une question des plus controversées. Tous les auteurs qui ont traité de la soie ont donné

[1] Robinet, *Institut.*, 1844.

leur avis, et l'accord ne s'est pas encore fait entre toutes ces idées souvent opposées. Comme il serait trop long de citer et de discuter toutes les opinions ou expériences indiquées à ce sujet, nous décrirons simplement la structure du brin et de la bave, telle que nous l'avons constatée dans de nombreuses observations, et telle qu'elle résulte évidemment de la formation du fil.

En premier lieu, le brin de soie est parfaitement homogène chez le *Bombyx mori*[1]. La fibroïne solidifiée qui le constitue est complètement amorphe et limpide, comme à l'époque où elle était renfermée dans le réservoir[2]. Il est aisé de constater ce fait, soit en étudiant des fibres simplement dépouillées de leur grès, soit en examinant les coupes transversales de fibres intactes. Ce dernier genre de préparations montre en outre que la fibroïne du brin forme un tout compact.

On ne peut y distinguer ni couches superposées, ni aucune trace d'une structure quelconque. Les colorants teignent uniformément toute l'étendue des coupes ; les imprégnations au nitrate d'argent donnent le même résultat, et aucun agent dissociant ne parvient à résoudre cette fibre en des éléments plus simples.

Nous pouvons donc affirmer que le brin de soie est constitué par de la fibroïne homogène et compacte (fig. 50).

Le brin a une épaisseur qui varie de 22 à 40 μ. Du reste ce chiffre oscille entre des limites assez étendues, et dans un même cocon il n'est pas constant. Cornalia considérait le fil de soie comme un cône très allongé, c'est-à-dire que son diamètre serait

---

[1] C'est l'opinion soutenue par Robinet, Cornalia, Dusseigneur, Targioni-Tozzetti, etc.

[2] Cette relation nécessaire entre l'homogénéité de la fibroïne du réservoir et celle de la fibroïne du brin a été contestée. Dans le travail déjà cité de M. Anderlini, nous trouvons ce passage : *Je ne comprends pas, ainsi que M. Blanc semble se le figurer, pourquoi, de ce que la fibroïne est continue et homogène dans l'appareil séricigène, il doive nécessairement en résulter une fibroïne homogène et continue dans le fil de soie.* » Nous demandons à notre tour par suite de quel phénomène la fibroïne homogène se trouve transformée subitement au sortir de la filière en un faisceau de fibres. Cette formation de fibrilles au sein d'une masse inerte, privée de vie, demande une démonstration que M. Anderlini n'a pas faite.

plus faible au niveau de la telette que dans les couches extérieures du cocon. Cette opinion n'est vraie que dans quelques cas, et il résulte des recherches de M. Wardle, recherches souvent renouvelées depuis, que tantôt le maximum de diamètre se constate dans la région moyenne du cocon, et tantôt à l'une des extrémités du fil.

Considéré sur une petite longueur, le brin n'est pas un cylindre à base circulaire : il présente généralement en coupe transversale la forme d'un triangle à côtés souvent convexes, parfois un peu concaves (fig. 49). Quelquefois, mais rarement, le fil présente des parties plates.

La surface du brin n'est pas absolument lisse. Quand on examine à un grossissement suffisant (500 à 600 d.) des brins de soie dépourvus de grès, on aperçoit, si le microscope donne des images bien pures, des stries très légères qui parcourent les brins longitudinalement[1]. Pour en constater l'existence, il est nécessaire d'examiner des fibres décreusées et placées dans une goutte d'eau. Si on plonge le brin dans la glycérine, ou le baume du Canada, les stries disparaissent instantanément et les fibres paraissent parfaitement lisses.

Ces stries sont tout à fait superficielles et si peu profondes que la coupe des baves n'en montre pas la trace. Leur origine est purement mécanique : elles sont déterminées par l'étirement de la fibroïne. Ce genre de striation se constate à la surface de tous les objets fabriqués par allongement d'une substance malléable. Ainsi, en examinant une de ces baguettes de verre connues sous le nom d'agitateurs, on voit que sa surface, en apparence parfaitement lisse, présente un grand nombre de stries longitudinales très fines.

La couleur du brin dépend de celle de la fibroïne du réservoir et de la région du cocon à laquelle il appartient. D'une façon générale, dans un cocon coloré, la soie de la surface présente

---

[1] Ces stries ont déjà été signalées par MM. Targioni-Tozzetti et Anderlini.

une teinte assez légère qui augmente d'intensité dans les vestes moyennes pour diminuer ensuite et disparaître plus ou moins complètement dans les couches les plus internes. Mais on trouve assez souvent des exceptions à cette règle.

La substance qui détermine la coloration du brin est répandue dans toute l'épaisseur de celui-ci, ainsi que le démontrent les coupes transversales.

Le fil n'est pas toujours simple. On rencontre quelquefois des brins qui sont multiples. A côté du brin principal, reconnaissable à sa taille, on en voit un ou plusieurs, bien plus petits, qui le suivent parallèlement. Ces brins secondaires proviennent des grains de fibroïne que nous avons signalés dans l'épaisseur du grès. Certains de ces corps ne se soudent jamais à la fibroïne axiale. Lors de l'émission de la bave, ils cheminent dans le réservoir, toujours isolés au sein de la zone de grès. Peu à peu, ils arrivent dans l'entonnoir terminal et commencent à s'étirer. Ils s'allongent de plus en plus, passent dans le canal excréteur et fournissent ainsi un fil secondaire, accolé au brin principal, et dont le diamètre et la longueur varient avec le volume du grain qui lui a donné naissance.

Le brin, tel que nous venons de le décrire, s'associe au moment de son passage à travers la filière avec son congénère provenant de l'autre tube séricigène, et la réunion de ces deux fils constitue la bave. Nous avons vu plus haut le mécanisme de cette réunion, et nous savons que c'est le grès qui sert de ciment.

Comment cette substance est-elle disposée autour des brins ? Forme-t-elle des couches concentriques[1] ou bien une enveloppe unique ? Nos préparations, soit de fibres intactes, soit de coupes transversales, nous ont toujours montré le grès non stratifié, quelle que soit du reste la méthode de coloration employée. Ces observations concordent parfaitement avec ce que l'on peut

____
[1] M. Anderlini admet au moins deux couches de grès.

déduire de la formation du fil, pendant laquelle on voit une substance semi-fluide, formant un manchon unique autour d'un cylindre central, s'étirer et s'allonger en même temps que celui-ci.

Le grès constitue donc un revêtement simple autour de chaque brin, et les deux enveloppes se soudent au moment du passage dans la filière, de façon à réunir les deux fils.

Lors de l'émission de la bave, le grès se solidifie moins vite que la fibroïne. Il reste glutineux un certain temps, ce qui lui permet de s'appliquer sur les corps avec lesquels il se trouve en contact, d'y adhérer et d'y coller la bave. Cette propriété justifie le nom de *gomme* qui est souvent donné à cette substance.

C'est grâce à cette viscosité persistante que le grès peut remplir le rôle important qu'il joue dans l'édification du cocon.

Au début, le ver lance sa bave irrégulièrement de tous côtés, et celle-ci, se fixant sur les corps voisins, constitue la charpente au centre de laquelle va s'édifier l'abri protecteur de la chrysalide. Peu à peu, le ver régularise ses mouvements, et sa bave, s'enroulant dans divers sens, forme un tissu lâche. Puis les couches de bave ou *vestes* se superposent en se serrant de plus en plus, et forment la paroi solide du cocon. Enfin à l'intérieur la texture des vestes se relâche de nouveau, et l'on trouve en ce point plusieurs couches minces, assez distinctes les unes des autres et qu'on nomme la *telette*.

Tout cet édifice, ainsi qu'on le sait de temps immémorial, est constitué par une seule bave enroulée dans tous les sens, mais qu'il est facile de dévider, en dissolvant ou simplement en ramollissant la matière qui en unit les différents anneaux, c'est-à-dire le grès.

Celui-ci, grâce à cette viscosité persistante qui lui est propre, permet aux baves d'une veste de se souder entre elles et à celles de la veste précédente. En isolant sur un cocon une couche très mince et en l'étudiant après coloration à la picro-coccinine, on constate aisément ce rôle du grès (fig. 48). On voit ce ciment former un revêtement continu à chaque brin. La couche propre à chacun des deux fils d'une bave est généralement soudée sur toute son étendue à celle de son congénère. Mais il arrive souvent que, par suite de la dessiccation, il s'est produit des retraits en certains points, et les deux brins ne sont alors réunis que par des ponts plus ou moins considérables formés par le grès.

Au point d'entre-croisement de deux baves, on voit sur chacune d'elles le grès augmenter d'épaisseur et former un empâtement qui constitue une soudure solide. Cet amas de grès a la même disposition que celle qu'on obtient en plongeant deux fils croisés dans une solution épaisse de sucre ou de gomme arabique. On constate, en outre, que le grès des deux baves forme un tout indissoluble dans lequel il est impossible de distinguer ce qui appartient à chacune d'elles. Du reste, en certains points, on voit les traces laissées par une bave arrachée ; la position des deux fils est nettement déterminée par une double gouttière creusée dans le grès qui recouvre les brins, et bordée par des talus irréguliers, constitués également par cette substance (fig. 48). La bave, en se séparant de celles qui restent dans la préparation, a donc abandonné une partie de sa couche de gomme qui était solidement soudée à celle des fibres sous-jacentes. Cette observation montre à quel point l'union des enveloppes de grès est intime et prouve qu'il y a là une véritable fusion.

Le grès ne se solidifie donc que lentement, par suite de la dessiccation qu'il subit. C'est ce qui permet à la gomme d'une veste de se fusionner avec celle de la veste suivante.

Quand le cocon étudié est coloré, le grès présente la même couleur. La matière colorante y est répandue uniformément, et n'est pas localisée sur la couche profonde, comme l'ont dit quelques auteurs[1]. Il est inutile d'insister sur ce point qui

---

[1] Pour Duseigneur il existerait une couche spéciale de matière colorante intercalée entre le grès et le brin, tandis que M. Anderlini voit dans le grès une couche profonde, « souvent plus fortement colorée et *qu'on ne parvient pas toujours à distinguer avec certitude* ».

résulte de ce que nous avons vu à propos de la formation du brin.

Il nous reste maintenant à étudier la dernière enveloppe de la bave, celle qui est formée par la substance que nous avons indiquée sous le nom de mucoïdine. On a vu que, dans le tube excréteur, elle forme à chaque brin un revêtement dont l'épaisseur est de moitié plus faible que celle de la couche de grès (4 μ au lieu de 9 μ). Au niveau de la filière, par un mécanisme déjà indiqué, elle forme une enveloppe générale à la bave. Que devient ce mucus au delà de la filière ? Nous ne pouvons l'indiquer avec certitude. Il nous a été impossible d'en révéler l'existence sur les baves du cocon. Il se pourrait cependant que la deuxième couche de grès, superficielle et plus soluble que la zone profonde, signalée par M. Anderlini, ne soit autre chose que ce revêtement de mucoïdine. C'est là une question que nous ne pouvons résoudre, faute de connaissances suffisantes sur les propriétés de ce corps. Il est, du reste, parfaitement possible que le mucus, sécrété presque au même point que le grès, en diffère assez peu pour qu'un observateur non prévenu le confonde avec cette dernière substance.

En résumé :

1° La bave est constituée par deux fils de fibroïne homogène, à peu près cylindriques, présentant souvent une légère striation à leur surface, et teintés en masse quand la matière colorante existe. Ces brins principaux sont quelquefois accompagnés de filaments accessoires beaucoup plus petits.

2° Ces deux fils sont réunis par une couche unique de grès au sein de laquelle ils se trouvent placés côte à côte, et séparés par un petit intervalle. Le grès, quand la fibre est teintée, présente dans sa masse la même coloration.

3° Enfin un revêtement extérieur, très mince, formé par la mucoïdine, enveloppe complètement la bave.

Cette structure de la bave est établie par l'étude de sa formation et corroborrée par l'observation directe. Nous pourrions donc passer sous silence les opinions qui ne concordent pas avec les faits que nous venons d'exposer. Cependant l'une d'entre elles, relative à la structure du brin, a été émise récemment par un auteur qui jouit d'une certaine autorité dans le monde séricicole. Comme elle est basée sur des expériences, nous devons en discuter la valeur.

M. Anderlini, dans un travail déjà cité, affirme que la soie du *Bombyx mori* est fasciculée. Il dit :

« Le noyau (ou brin) résulte d'un faisceau de fibrilles cimentées entre elles, et qui seulement après un certain désagrègement, peuvent se séparer au moyen d'étirages plus ou moins longs. L'aspect que présentent les brisures est semblable à celui d'une corde rompue[1]. »

Cette description est en contradiction absolue avec tout ce que nous avons démontré. Comment ce résultat a-t-il été obtenu ?

Les fibres étudiées provenaient de cocons maintenus pendant un mois à une température de 50° à 60°; elles furent bouillies pendant quinze heures, puis traitées pendant dix heures par l'acide chlorhydrique étendu, à une température de 80°, et *finalement écrasées fortement sur une enclume d'acier avec le tranchant émoussé d'un petit marteau !*[2]

C'est grâce à ce procédé, absolument inconnu jusqu'ici en histologie, que M. Anderlini est arrivé à déterminer dans le brin de soie une fissuration, longitudinale il est vrai, mais totalement irrégulière, à en juger par la figure qui accompagne le texte.

---

[1] « *Esso risulta da un fascio di fibrille cementate insieme e che solo dopo una certa disaggregazione si possono separare per tratti più o meno lunghi. L'aspetto che presentano la frattura e simile a quello offerto da una corda spezzata...* » (Anderlini, *loc. cit.*)

[2] « *Digerita tale seta nell' acido cloridrico diluito per 8-10 ore a 70°-80° e poi colorata col sale mercurioso-mercurico a caldo molto intensamente fu schiacciata la fibra col taglio smussato di un piccolo martello sopra un incundine di acciaio.* » (Anderlini, *loc. cit.*)

Nous ne pensons pas que des résultats obtenus d'une façon aussi *mécanique*, puissent être pris en considération. Le premier soin de l'observateur doit être de conserver aux tissus, aux substances, l'organisation qui leur est propre, et quand il a recours aux réactifs dissociants, il doit en user avec une extrême prudence, de peur d'altérer les sujets de son étude. Cette règle a été absolument méconnue dans les expériences que nous venons de citer. Le fil n'a pas été dissocié, il a été écrasé à coups de marteau, après une macération dans l'acide chlorhydrique qui l'avait déjà altéré. La soie ainsi maltraitée n'est pas une soie normale, c'est une substance profondément modifiée.

On ne peut donc accepter comme l'expression de la vérité des résultats obtenus d'une façon aussi artificielle, et M. Anderlini n'a prouvé qu'une chose, c'est que, le marteau aidant, la soie peut être fissurée suivant sa longueur.

STRUCTURE DU BRIN ET DE LA BAVE DANS LES SOIES STRIÉES

Dans les chapitres qui précédent, nous avons démontré que le brin de soie du *Bombyx mori* est un fil homogène et unique. Celui du *Theophila mandarina*, du *Rondotia Menciana*, du *Borocera*, jouit des mêmes propriétés[1].

A côté de ces espèces donnant un fil simple et compact, on en trouve un grand nombre d'autres dont le brin est strié longitudinalement. Il ne s'agit plus ici d'une striation très légère et superficielle comme celle que peut présenter la soie du *Bombyx mori*. Cette particularité est très accentuée : les stries, volumineuses, dépassent souvent un demi-μ; elles apparaissent dans

---

[1] Il y a également beaucoup de chenilles européennes dont la soie n'est pas utilisée et qui donnent un brin simple et homogène. Telles sont les baves des différents bombyx, des *Liparis*, des *Lasiocampes*, des *Porthesia*, des *Yponomeutes*, etc.

toute l'épaisseur de la fibre et se montrent sous forme de traits noirâtres, rectilignes, interrompus après un certain trajet.

Cette striature si manifeste, jointe à quelques autres propriétés de ces soies, telles que la facilité avec laquelle elles se fissurent suivant leur longueur et se désagrègent en fibres plus petites, avait fait croire qu'elles étaient formées par un faisceau de fibrilles. M. Wardle a même annoncé qu'il avait pu dissocier ces filaments à l'aide du permanganate de potasse.

Dans un travail publié dans le *Compte rendu annuel du Laboratoire d'étude de la soie*[1], et communiqué en avril 1886 à la Société d'agriculture de Lyon, nous avons démontré que cette opinion est fausse, et que :

1° La bave du ver pernyen est creusée de canalicules longitudinaux très fins et remplis d'air, qui lui donnent un aspect strié ;

2° Ces canalicules proviennent de l'étirement de cavités dont est creusée la fibroïne.

Ces deux propositions sont basées sur des observations, souvent répétées depuis l'époque où elles ont été formulées, et qui toujours ont donné les mêmes résultats. Si nous n'avons à rectifier ni les faits observés, ni leur interprétation, nous voulons donner encore de nouvelles preuves à l'appui de la constitution simple du brin de soie chez le ver pernyen.

Appliquant à l'étude de l'*Antheræa Pernyi* la méthode que nous avons employée pour le *Bombyx mori*, nous avons pu constater un certain nombre de faits intéressants.

En premier lieu, la structure de la paroi du tube séricigène est à peu près la même que chez le ver du mûrier. Les différences que l'on rencontre ne portent que sur des points secondaires.

La structure de la paroi étant la même dans les deux cas, les sécrétions qui y ont leur siège doivent s'effectuer de la même façon. Mais nous n'avons pu les étudier d'une façon aussi précise que pour le *Bombyx mori*, à cause de la rareté des maté-

[1] L. Blanc, *Note sur la constitution intime de la soie du ver pernyen.*

riaux en bon état de conservation. C'est pourquoi nous réservons la question du grès qui nous semble présenter quelques différences, et celle du mucus, sur laquelle des observations suffisantes nous manquent encore. Mais nous avons pu suivre la fibroïne dans tout son trajet à travers le tube séricigène, et voici les résultats auxquels nous sommes arrivés.

Dès l'origine du tube sécréteur, le noyau central de fibroïne est creusé d'une très grande quantité de petites vacuoles pleines d'un liquide épais qui fixe assez facilement le carmin (fig. 51). Quelle est la nature de cette substance, et comment se trouve-t-elle mélangée à la fibroïne? C'est là un point qui nécessite de nouvelles recherches.

Ces vacuoles, sous l'influence de la progression de la fibroïne, s'allongent un peu et prennent la forme d'un fuseau. Cette disposition est surtout accentuée à la périphérie du cylindre, où le mouvement de la masse soyeuse semble plus rapide. Les coupes transversales du tube sécréteur montrent parfaitement cette disposition. Sur les coupes longitudinales ou très obliques, elle est moins évidente, mais alors se présente un aspect nouveau : le cylindre central paraît strié longitudinalement par de petits traits épais et courts. Cette structure est très nette si la coupe est un peu épaisse (fig. 52).

On voit donc que, dès le tube sécréteur, la fibroïne est striée longitudinalement.

Dans le réservoir on rencontre la même disposition, avec cette différence que les vacuoles sont plus considérables, surtout au centre du cylindre, par suite de la fusion qui s'opère entre un certain nombre d'entre elles (fig. 53, 54).

Vers la terminaison du réservoir, la fibroïne commence à s'étirer, et, en même temps qu'elle, les vacuoles. A mesure que la matière soyeuse s'engage dans le tube excréteur, ces petites cavités s'allongent de plus en plus et constituent des canaux extrêmement fins.

Dans le tube excréteur on trouve un brin qui présente ces canalicules parfaitement distincts, soit sur les coupes transversales, soit sur les coupes longitudinales (fig. 55, 56).

Ainsi en suivant la fibroïne d'un bout à l'autre de l'appareil séricigène, on assiste à la formation de ces canaux capillaires. Après l'émission de la bave la substance qui remplit ces canalicules se dessèche et l'air envahit peu à peu la presque totalité de leur cavité. Sur les soies où ces fins capillaires ont un diamètre relativement fort, et par suite sont faciles à examiner, comme le Tusser Pendjab, on peut, en certains points, voir cette matière remplissant partiellement les canalicules (fig. 58). Mais d'une façon générale, c'est de l'air qu'ils renferment.

Il est aisé de s'en convaincre en examinant à des intervalles divers une coupe tranversale de baves, montée dans le baume du Canada fluide. Lorsque la préparation vient d'être faite, les canalicules ont une couleur sombre et apparaissent sur la coupe comme des points noirs (fig. 58). Quelques heures plus tard, le baume en a envahi un certain nombre qui sont alors très réfringents, et se montrent sous la forme de points brillants, saillants qui donnent l'illusion de fibrilles. Enfin, après un certain temps, presque tous les canaux ont subi cet envahissement, et ce n'est que de loin en loin que l'on peut en voir quelques-uns encore noirs (fig. 60).

On peut à volonté faire des préparations montrant les canalicules ou donnant l'illusion des fibrilles. Il suffit, soit de monter les coupes sèches dans du baume du Canada résineux et fondu à chaud, soit de faire macérer les coupes dans de l'essence de térébenthine et de les placer ensuite dans du baume liquide (fig. 61 et 62).

Enfin dans les soies teintes on constate souvent que la matière colorante s'est accumulée à l'intérieur de ces canalicules (fig. 63).

Ces diverses observations démontrent pleinement l'existence de ces canaux capillaires et leur état de vacuité. On voit donc que le brin des vers à soie striée est simple comme celui des vers à soie homogène, et que la striation qu'il présente est due à de fins canalicules qui le parcourent intérieurement.

Nous avons rempli le programme que nous nous étions tracé. Prenant la soie à son origine, au moment où elle est sécrétée, nous l'avons vue se compléter par l'adjonction de plusieurs substances secondaires. Nous avons vu ensuite comment la masse formée par la superposition de ces différentes matières s'étire lentement pour donner le brin et la bave.

En assistant ainsi à la formation du fil, nous avons pu établir sa structure d'une façon certaine et démontrer qu'il est toujours simple, homogène dans le *Bombyx mori*, le *Theophila mandarina*, le *Rondotia menciana*, etc., et creusé de fins canalicules dans les vers à soie striée.

L'origine, la disposition et le rôle du grès, du pigment coloré et de la mucoïdine (substance signalée pour la première fois), ont également été étudiés.

Nous espérons que les observations et les expériences nombreuses sur lesquelles s'appuie notre démonstration, ainsi que la méthode suivie dans ce travail, lèveront tous les doutes, et que le *brin de soie simple* sera désormais un fait acquis.

EXPLICATION DES FIGURES

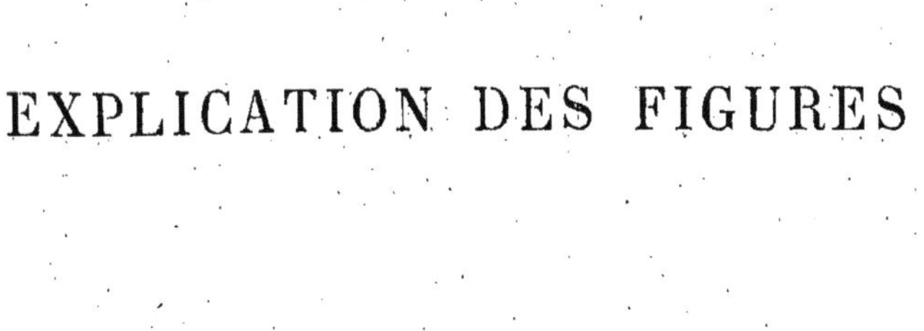

PLANCHE I

Fig. 1. — Appareil séricigène du ver à soie du mûrier : *a*, tube secréteur; *b*, réservoir; *c*, canal excréteur; P*h*, glandules de Filippi; 1,2,3... 13, divisions arbitraires établies dans l'organe (fig. demi-schématique).

Fig. 2. — Coupe transversale de la paroi de l'appareil séricigène (fig. demi-schématique) : *a*, membrane basale; *b*, couche cellulaire; *c*, intima.

Fig. 3. — Schéma de la disposition des cellules dans la paroi de l'appareil séricigène.

Fig. 4. — Une de ces cellules isolées.

Fig. 5, 6, 7, 8, 10. — Schémas représentant la moitié de la paroi déroulée de l'appareil séricigène dans plusieurs points de l'organe (nos 1, 2, 6, 12, 13). [1] La figure 7, pour avoir sa véritable largeur, devrait être étendue à gauche de 5 fois son diamètre.

Fig. 9. — Schéma de la paroi complète fendue longitudinalement et déroulée (no 6).

Fig. 11 à 17. — Coupes transversales de la paroi (fig. schématiques montrant les variations d'épaisseur des cellules dans les points 1, 2, 2 *bis*, 3, 5, 7, 12)[2].

[1], [2] Les numéros annexés aux explications des figures indiquent la région où a été prise la préparation.

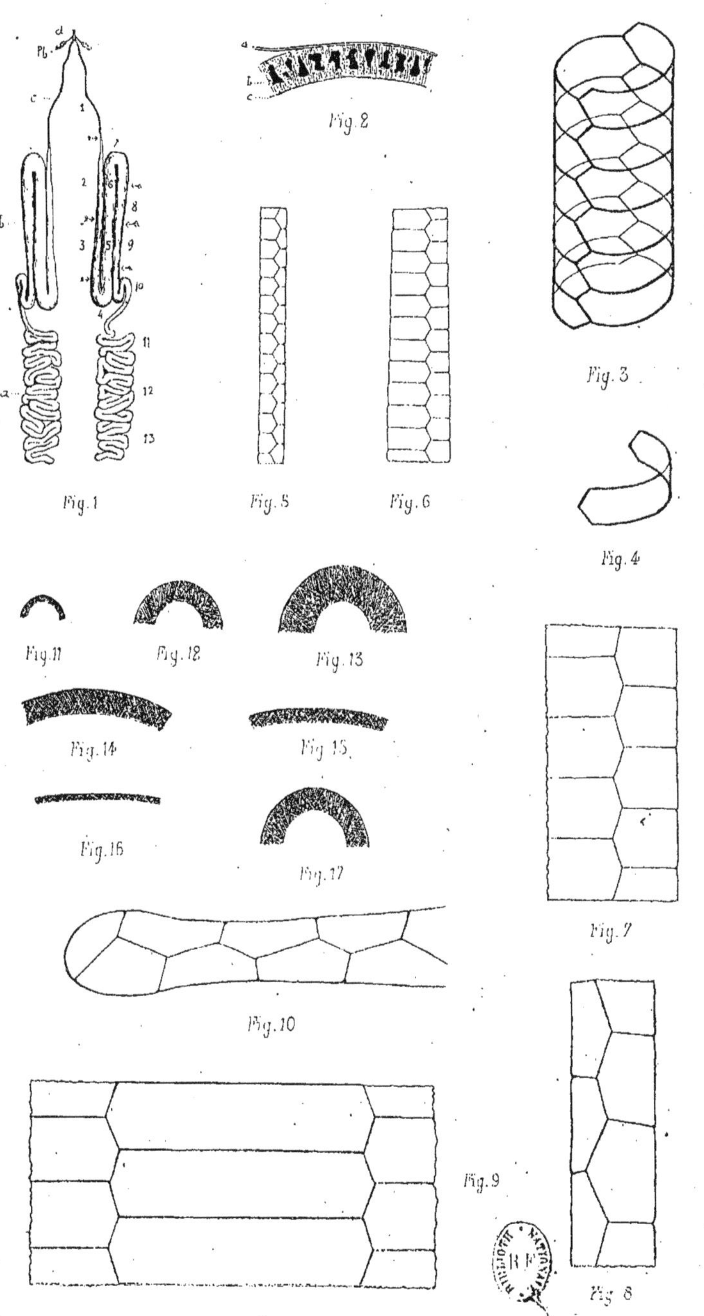

Fig. 1

Fig. 2

Fig. 3

Fig. 4

Fig. 5

Fig. 6

Fig. 7

Fig. 8

Fig. 9

Fig. 10

Fig. 11

Fig. 12

Fig. 13

Fig. 14

Fig. 15

Fig. 16

Fig. 17

PLANCHE II

Fig. 18. — Cinq cellules de la région 3, au niveau de leur point de réunion : *a*, lignes de séparation des cellules; *b*, noyaux ramifiés.

Fig. 19. — Cellule du canal excréteur.

Fig. 20. — Moitié de deux cellules du réservoir (n° 2).

Fig. 21. — Moitié d'une cellule du réservoir (n° 6).

Fig. 22. — Point de réunion de plusieurs cellules du réservoir (n° 10).

Fig. 23. — Point de réunion de plusieurs cellules du tube sécréteur (n° 12).

Fig. 24. — Coupe transversale de la paroi dans la région 2 : *a*, membrane basale; *b*, protoplasma; *c*, noyau ramifié; *d*, intima.

Fig. 25. — Coupe transversale de la paroi dans la région 5.

Fig. 26. — Coupe transversale de la paroi dans le tube sécréteur (n° 12).

Fig. 27. — Coupe transversale à l'origine du tube excréteur, montrant la cuticule épaissie: *a*, membrane basale; *b*, protoplasma cellulaire; *c*, noyau; *d*, cuticule.

Fig. 28. — Cuticule du réservoir considérablement grossie.

Fig. 29. — Coupe longitudinale de la terminaison du réservoir, montrant l'intima cuticulaire, qui s'épaissit peu à peu : *c*, cuticule.

Fig. 30. — Coupe longitudinale de la paroi du réservoir, montrant la section des fils cuticulaires : *a*, membrane base; *b*, cellule; *c*, cuticule.

Fig. 31. — Cellule brisée et recouverte par la cuticule : *a*, protoplasma; *b*, noyau; *c*, filaments de la cuticule; *d*, bourgeons de la cuticule; *e*, région où la cellule n'existant pas on voit la cuticule seule; *f*, région où les filaments seuls ont été figurés.

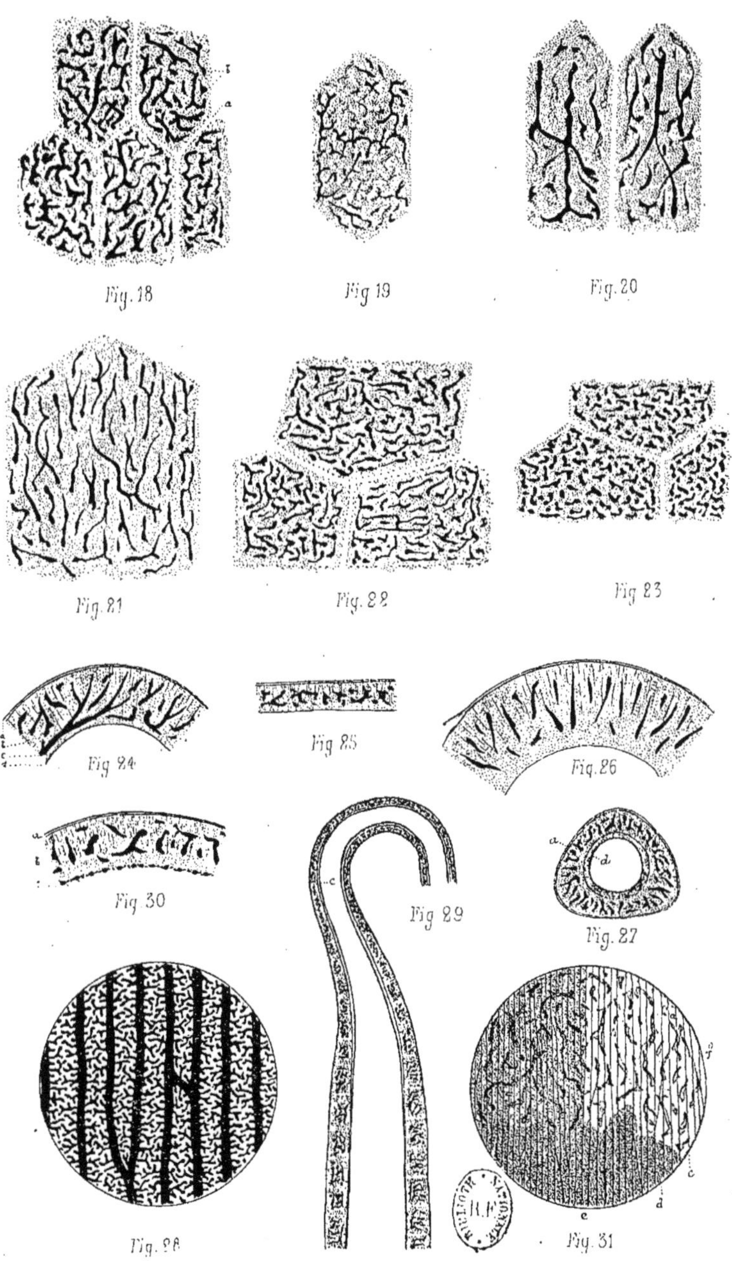

Fig. 18

Fig 19

Fig. 20

Fig. 21

Fig. 22

Fig. 23

Fig. 24

Fig. 25

Fig. 26

Fig. 30

Fig. 29

Fig. 27

Fig. 28

Fig. 31

PLANCHE III

Fig. 32. — Coupe transversales du tube sécréteur : *f*, noyau central de fibroïne; *d*, couche de granulations de fibroïne.

Fig. 33. — Coupe transversale du tube sécréteur : *c*, membrane basale; *d*, couche cellulaire; *h*, grains de fibroïne se soudant au noyau central.

Fig 34. — Coupe transversale du tube sécréteur : *p*, paroi du tube; *a*, couche de granulations de fibroïne; *b*, couche de plaques de fibroïne; *f*, noyau central.

Fig. 35. — Coupe transversale de la paroi du tube sécréteur : *c*, basale; *p*, protoplasma; *n*, noyaux; *g*, amas de granulations de fibroïne dans l'intérieur de la cellule; *a*, *b*, couches de granulations de fibroïne sorties de la cellule; *f*, noyau central de fibroïne.

Fig. 36. — Cellule de la paroi du tube sécréteur vue par sa face interne et montrant les grains de fibroïne qui émergent de sa profondeur : *a*, protoplasma; *b*, noyau; *c*, grains de fibroïne.

Fig. 37. — Coupe transversale du réservoir montrant de la fibroïne dans le grès : *a*, paroi; *b*, grès; *c*, cylindre central de fibroïne.

Fig. 38. — La même traitée par la potasse : *d*, grains de fibroïne mis en liberté par la dissolution du grès.

Fig. 39. — Coupe transversale du réservoir montrant les grains de fibroïne se soudant avec le cylindre central : *a*, paroi; *b*, grès; *c*, cylindre central de fibroïne; *d*, grains de fibroïne; *e*, *f*, masses de fibroïne se soudant avec le cylindre central.

Fig. 40, 40 *bis*, 41. — Coupes du réservoir dans les régions 10, 8, 5, montrant l'accroissement de la couche de grès : *a*, paroi; *c*, grès; *d*, fibroïne.

Fig. 42, 44, 45. — Coupes du réservoir montrant l'apparition de la mucoïdine : *a*, paroi; *b*, mucoïdine; *c*, grès; *d*, fibroïne.

Fig. 46. — Couche de la terminaison du réservoir (2) montrant la superposition du mucus, du grès et de la fibroïne.

Fig. 47. — Coupe transversale du canal excréteur montrant la constitution du brin à ce niveau.

Fig. 43. — Coupe longitudinale de la terminaison du réservoir et de l'origine du tube excréteur. Formation du brin : mêmes lettres.

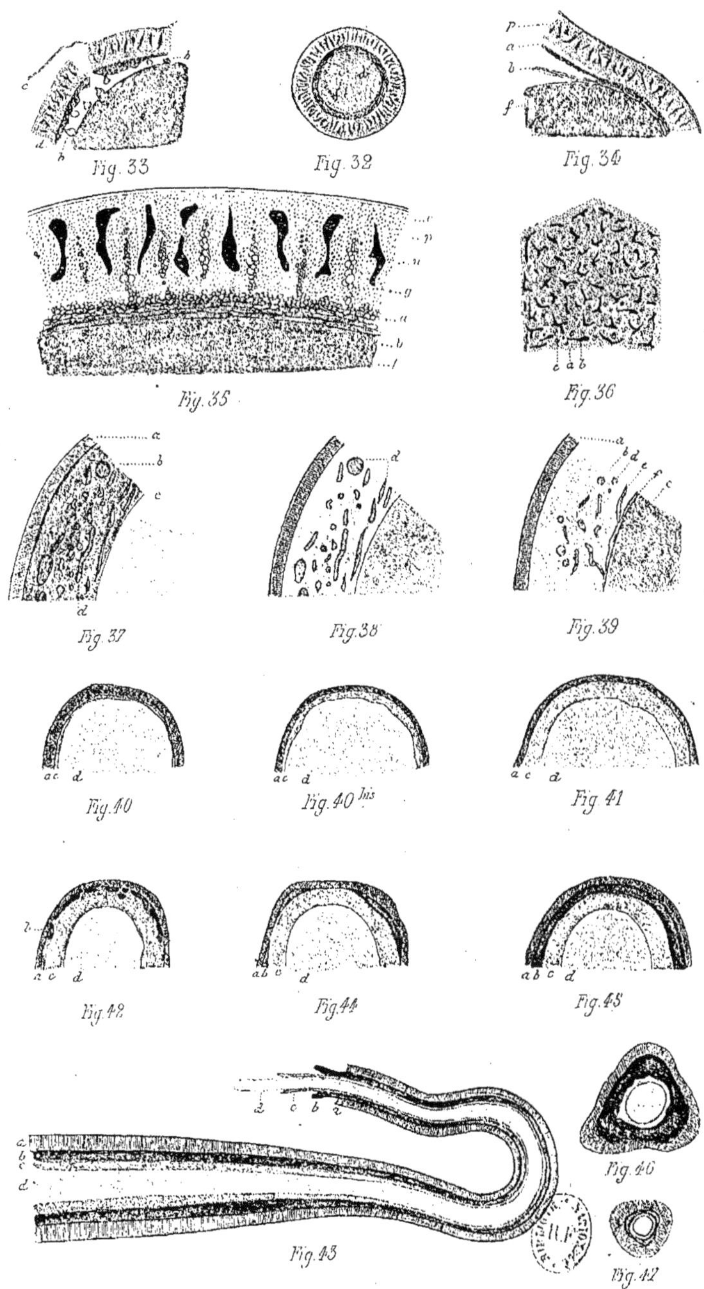

Fig. 33

Fig. 32

Fig. 34

Fig. 35

Fig. 36

Fig. 37

Fig. 38

Fig. 39

Fig. 40

Fig. 40 bis

Fig. 41

Fig. 42

Fig. 44

Fig. 45

Fig. 43

Fig. 46

Fig. 47

PLANCHE IV

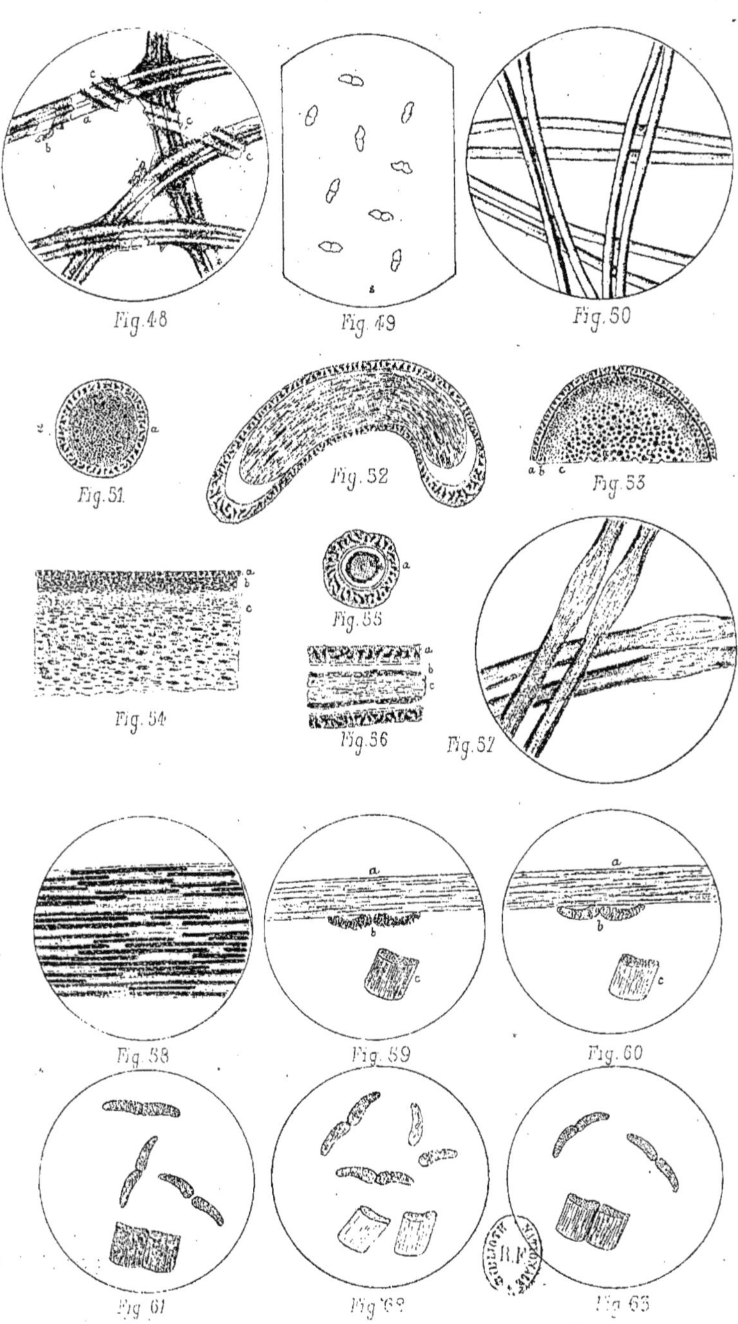

Fig. 48

Fig. 49

Fig. 50

Fig. 51.

Fig. 52

Fig. 53

Fig. 54

Fig. 55

Fig. 56

Fig. 57

Fig. 58

Fig. 59

Fig. 60

Fig. 61

Fig. 62

Fig. 63

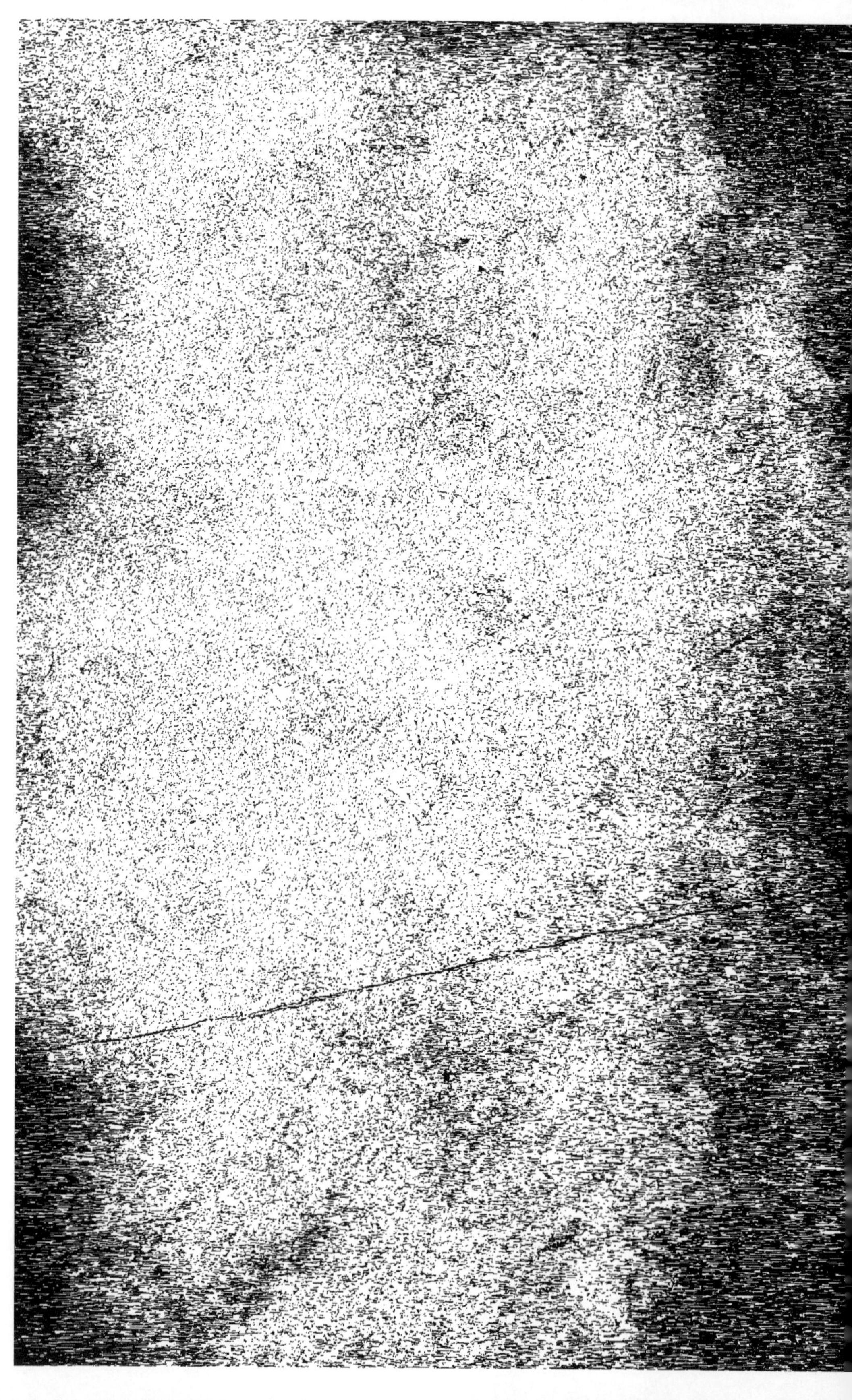

9 782013 492744